和谐校园文化建设读本

论职业教育

杨玉琼/编著

吉林出版集团股份有限公司

吉林教育出版社

图书在版编目(CIP)数据

论职业教育／杨玉琼编著. — 长春：吉林教育出版社，2012.6（2022.10重印）

（和谐校园文化建设读本）

ISBN 978 – 7 – 5383 – 8967 – 8

Ⅰ．①论… Ⅱ．①杨… Ⅲ．①职业教育—研究 Ⅳ．①G71

中国版本图书馆 CIP 数据核字(2012)第 116078 号

论职业教育

LUN ZHIYE JIAOYU

杨玉琼　编著

策划编辑　刘　军　　潘宏竹

责任编辑　张　瑜　　　　　　　　　　　　装帧设计　王洪义

出版　吉林出版集团股份有限公司（长春市福祉大路5788号　邮编 130118）

　　　吉林教育出版社（长春市同志街1991号　邮编 130021）

发行　吉林教育出版社

印刷　北京一鑫印务有限责任公司

开本　710毫米×1000毫米　1/16　印张　13　字数　165千字

版次　2012 年 6 月第 1 版　印次　2022 年 10 月第 2 次印刷

书号　ISBN 978 – 7 – 5383 – 8967 – 8

定价　39.80 元

编　委　会

总 序

千秋基业，教育为本；源浚流畅，本固枝荣。

什么是校园文化？所谓"文化"是人类所创造的精神财富的总和，如文学、艺术、教育、科学等。而"校园文化"是人类所创造的一切精神财富在校园中的集中体现。"和谐校园文化建设"，贵在和谐，重在建设。

建设和谐的校园文化，就是要改变僵化死板的教学模式，要引导学生走出教室，走进自然，了解社会，感悟人生，逐步读懂人生、自然、社会这三本大书。

深化教育改革，加快教育发展，构建和谐校园文化，"路漫漫其修远兮"，奋斗正未有穷期。和谐校园文化建设的研究课题重大，意义重要，内涵丰富，是教育工作的一个永恒主题。和谐校园文化建设的实施方向正确，重点突出，是教育思想的根本转变和教育运行机制的全面更新。

我们出版的这套《和谐校园文化建设读本》，既有理论上的阐释，又有实践中的总结；既有学科领域的有益探索，又有教学管理方面的经验提炼；既有声情并茂的童年感悟；又有惟妙惟肖的机智幽默；既有古代哲人的至理名言，又有现代大师的谆谆教诲；既有自然科学各个领域的有趣知识；又有社会科学各个方面的启迪与感悟。笔触所及，涵盖了家庭教育、学校教育和社会教育的各个侧面以及教育教学工作的各个环节，全书立意深邃，观念新异，内容翔实，切合实际。

我们深信：广大中小学师生经过不平凡的奋斗历程，必将沐浴着时代的春风，吸吮着改革的甘露，认真地总结过去，正确地审视现在，科学地规划未来，以崭新的姿态向和谐校园文化建设的更高目标迈进。

让和谐校园文化之花灿然怒放！

本书编委会

目 录

第一章 职业教育的历史沿革

一、美国职业教育的历史沿革

美利坚合众国是资本主义国家中的后起之秀。美利坚这一民族是17世纪末开始形成的。在18世纪中叶,它还只是几块殖民地,为其他资本主义国家所奴役。1775年殖民地人民发动了独立战争,1776年7月4日,宣布建立美利坚合众国,1783年独立战争结束,英国才承认美国独立。1787年通过宪法,成立联邦共和国。此后,美国走上了独立发展的道路。1800年以后,美国大规模扩大领土,到19世纪中叶,美国的领土从大西洋延伸到太平洋,约占北美大陆一半。这块土地资源丰富,使美国具有比其他资本主义国家更为优越的发展条件。19世纪上半期,美国进行了工业革命。1860年时,美国工业生产居世界第四位。但当时美国的南部诸州还盛行着奴隶制,成为资本主义发展的严重障碍。1861—1865年的南北战争,为资本主义发展扫除了障碍。1894年美国工业生产已跃居世界第一位。此后,美国一直在世界经济中居于领先地位。据1894年统计,国民生产总值为36628亿美元,国民收入为29599亿美元,是世界上经济实力最强的资本主义国家。

美国的教育发展是与经济发展同时并进的。在殖民地时期学校规模很小通常是单室校舍,能上学的也不超过学龄人口的10%。共和国成立以后,才把教育提上议事日程,普遍建立公立学校是19世纪中叶的事。1852年马萨诸塞州制定了第一个义务教育法。至1890年,27个州和地区通过了类似的立法,在1918年密西西比成为命令实行义务教育法的最后一个州。1900年,公立学校牢固地确立起来。以后,中等教育有了很大的发展,1930年时14~17岁的青年有50%的人上学,1960年时在中学注册的人数已上升到了大约90％。美国的高等教育也已普及化，18—24岁的青年人中有50％的人可以接受高等教育。现在，美国是世界上教育最发达的国家。

职业教育是美国教育系统中的重要组成部分。它为工业、农业、第三产业培养各种人才，成为支持美国经济发展的力量。美国的职业教育是有其特色的，职业教育在中等教育阶段和高等教育阶段实施。中学阶段，虽有中等职业技术学校，但主要是在综合中学里开设职业课程。属于高等教育阶段的社区学院在职业教育方面具有特殊的地位，大学本科也进行职业教育。美国还很重视企业里的职业培训。本世纪70年代又兴起生计教育运动，生计教育贯穿于人的一生。这些措施和设想是值得我们研究和借鉴的。

（一）独立后的职业教育

美国于1776年独立后，政治、经济的发展都加快了。19世纪上半叶，是实行工业革命的时期，棉纺织业的发展尤为迅速，出现了以纤维工业为中心的工厂制生产。工业革命促进了艺徒制的解体和职业教育的发展。

1.艺徒制的衰退

艺徒制的衰退，是由几方面的因素促成的。在美国北部的工业发达地区，采取了工厂制的生产方式。生产过程被分解为一系列的工作岗位，对于在每个工作岗位从事劳动的工人来说，他只需要熟练地完成一部分规定的动作，技艺的要求降低了。这样就使雇用女工和童工成了可能，对熟练工人的需求减少了。处境贫困的少年与其当学徒学习手艺，还不如直接去当童工，以致学徒人数大幅度下降，而未经训练的不熟练工人和半熟练工人则充斥劳动市场。

在南方则是另一种情况。那里，随着生产的发展，劳动力日益不足。劳动力不足，吸引了大批的欧洲移民。据统计，美国吸收的移民，1820—1830年为152000人，1831—1840年为60万人，1841—1850年为170万人。来自欧洲的移民大半是农民和熟练的手工业工人。社会并不依赖艺徒制来培养熟练的手工业者。

2."机械工讲习所"运动和科学知识普及运动的兴起

工厂制的兴起,使艺徒制逐步解体,但培训熟练的机械工和技工问题却很突出。保养和维修机器离不开机械工和技工,没有他们机器就不能正常运行。机械工和技工为了提高技术水平和改善经济条件也要求接受较多的教育。适应形势的要求,格拉斯哥的安德逊研究所的比尔贝克教授,于1800年开始对该地区的机械工进行讲演。以后,各州都推行这种制度,由机械工协会组织。其中最有名的是1824年于费城建立的富兰克林讲习所。它在创办时就决定:①普及机械科学的知识,公布费城有价值的工艺技术;②开设公开讲演,设立博物馆、图书馆,对改革机械工艺有成就者设立奖金;③讲习所决定由机械工、制造业者组成。这种讲习所以提高技术为目的,注重科学的学习。但有些工人由于科学知识基础不够,参加讲习所听讲还有困难。为了帮助这些成员,讲习所又为他们开设了普通科目,帮助学员补习基础知识。这种补习性质的班级,学习时间一般为3年,开设英语、古典语言、现代语言、数学、实际科学等五门课,此外也教制图。这种班级为以后的中学教育的发展打下了基础。

工业生产的特点是将科学知识运用于生产过程。要使一般人民都适应工业化的生活,就需要广泛地普及科学知识。在兴起"机械工讲习所"运用的同时,普及科学知识的运动也兴起了。1824年,康涅狄格州的霍尔布鲁克在自己的农场里设立农业、工业学校,向一般人传授科学知识。学校虽于一年后关闭了,但却带动了全社会的科学知识普及运动。各地举办科学知识普及讲座,1831年和1832年还连续召开了两次全国性的大会,其影响还是相当大的。

3.手工劳动运动的兴起

手工劳动运动是在学校系统里兴起的。运动始于1825—1830年间,1835年达到顶点。这个运动是从国外引进的。1807年,费伦伯格于柏林郊外开设费伦伯格学院,它通过农场和职业学校对学生进行劳作教育,使学生体验体力劳动。美国一些州模仿费伦伯格学院的做法,在学校里推行手工劳动。学校设有大型的作业场,让学生制作各种箱子和橱柜等,进行劳动教育。有的学校则以农业为主。其目的是保持和增进健康,同时,又能使学生增加一定的收入。

上述三个方面,表明美国在这个时期已经从不同的侧面提出了职业教育的问题,参照欧美国家的一些做法,进行着尝试。这是职业教育的酝酿和发动时期。

(二)工业的发展和职业教育体系的初步成型

19世纪下半叶是美国经济迅速发展的时期。特别是1861—1865年的南北战争,摧毁了南部的种植园奴隶制,为资本主义发展创造了更为有利的条件。西部土地的开发,国内市场的扩大,科学技术的应用,也起了重要的作用。制造业成为工业中的骨干。许多新的工业部门,如电气、化学、汽车等都发展起来了,工业发展孕育着职业教育的发展。当然,这也是有一个过程的。

1.俄国方式的引进

工农业生产的发展使技术人员和熟练工人的需求增加了。如何培养技术人员和熟练工人,成了各方面关注的问题。19世纪上半叶兴起的"机械工讲习所"运动积累了有益的经验,但能否用学校教育代替艺徒制,能否通过学校教育来培养技术人员和熟练工人还是一个有待解决的问题。

俄国方式的引进有助于这个问题的解决。1876年为纪念美国独立100周年在费城举办了世界博览会。在博览会上用模型和图表介绍了俄国用学校教育培养技术人员和工人的经验。这个经验是德拉·沃斯于1868年在莫斯科帝国技术学校里创立的。他抛弃了传统的艺徒制,分析生产技术,把制作过程分解为几个要素,然后据此制订教学计划,指导学生通过工厂实习掌握这些技术。俄国的经验是比较系统的,有明确的规定和一定的程序。俄国方式证明:分解技术,并按顺序进行教学是可能的;有了适当的设施,一个教师在同一时间里教许多学生也是可能的。

俄国方式的介绍,打开了美国工程技术界和教育界的眼界,他们感到困惑的问题在俄国已经解决了。

俄国经验在美国产生了积极的影响。麻省工业学校校长朗克尔在当年就在波士顿按照俄国方式创办"机械技术学校"。结果证明:"一年的实习胜过五年的学徒制"。华盛顿大学工业学校校长伍德华德在研究俄国经验之后,认为这种在分解技术基础上进行的技术实习在中学里也是可行的,实习性课程可以成为中学的教学科目。这些实践和认识推动了技术教育的发展。

2.中小学手工课程的开设

在中小学开设手工课程是同伍德华德有关的。伍德华德有在大学预科、夜校、大学里从事教学的经验。他在大学里教应用力学课程时,发现学生动手能力很差,不会用木工工具制作简单的物体。因此,尝试用工场实习课教学生使用工具的方法,为此还编写了工具使用法手册。

在研究了俄国方式之后,更加坚信了他的信念,认为要培养技术员就应从中等阶段开始,使学生掌握实习的基本技能,这样学生毕业时既可劳动,也可为升入高等学校作好准备。他于1879年酝酿成熟后,广泛地向圣路易斯的实业家宣传,得到了普遍的支持。于是在1880年创办手工学校,培养当地急需的企业监督者和熟练工人,并为学生进入工艺学院进行预备教育。实验结果于1884年召开的全美教育协会上公布,得到了社会的承认,使手工课程在全国广泛地发展起来。

在伍德华德看来,手工课程的开设不仅对职业教育有好处,而且可以提高青少年的普通教养水平,主要是使青少年体会到作为社会成员应有的素质以及必要的献身精神,勇于革新,讲究实际,具有指挥现代生产的能力等。因而,实习工场不应当是生产车间,而是教育的场所。教师要严格地以身作则,这些思想是有可取之处的。

伍德华德的宗旨,是使技术科学化,也重视自然科学和普通教育科目,以培养产业界的领袖。但结果并不十分理想,手工学校的毕业生大都从事一般性职业,而未能成为各种专业人员。这样就使手工课程教学的声誉有所下降。

3.《摩雷尔法案》的制订和高等技术教育的建立

在广泛开展机械工讲习所运动和科学知识普及讲座运动的基础上,有的单位向高层次发展,建立了相当于高等教育阶段的技术人员的培养机构。例如,1824年开办的伦塞勒学校经过10年成长为美国最早的一所工科大学。但是,建立得更多的是理学院。它们不用"工程学"、"工艺学"之类的名称。这类教育机构虽以培养技术员为目标,但它保持着自然科学体系,只是在不降低其学术水准的原则下,适当地吸收一点生产经验。在其中从事教学的大多是自然科学家。在这类学校里,学生虽然接受技术教育,但实际操作技能的训练都比较差,毕业生不能满足生产部门的需要,经常受到社会的批评。

改革高等技术教育成了社会关心的问题。走在前面的是各州的农业促进会、园艺协会的成员及一些农业大学的教授,他们提议创办新型的农业大学。他们从1849年起就为此奔走、呼吁,希望通过立法,在政府的支持下实现计划。经过多年的努力,法案终于于1862年7月2日生效。由于法案是以佛蒙特州的上院议员摩雷尔的名义提交的,故称为《摩雷尔法案》。

《摩雷尔法案》规定,按各州的国会议员的人数,拨给每人3万英亩的土地,由州以土地所得作为设立农业和工艺学院的基金、维持费和补助费。由于它是用拨给土地的方法支持办学,所以有时又把法案称为"土地授予条例"。依据这个法案,办起来的大学被称为"赠地学院"。《摩雷尔法案》在推动高等和中等的职业教育方面作了巨大的贡献。

在发展高等职业教育方面,海军发挥了积极的作用。大学转向培养工农业技术人员的最大困难是缺乏相应的师资和教材,海军在这方面却有着优势。海军为了培养能使用现代化装备的军官、士兵,早就摆脱了传统的学院式的教学,编写实用的教材,注重实际操作,并在这方面积累了经验。一些大学在开设工学院时,都招聘海军技术员到校任教。总统也准许派遣海军技术士官到学校任教,向学校传授蒸汽技术和造船知识,促使海军的技术同机械工程教育之间联系起来。据统计,在1879—1896年间,先后有48名海军技术军官到高校任教。

《摩雷尔法案》促进了高等技术教育的发展。以后,议会还多次通过立法,为高等技术教育拨发补助费,以巩固和发展高等技术教育。例如,1887年通过了称为第二个《摩雷尔法案》的《哈奇法案》,1906年通过《亚当斯法案》,1907年通过《纳尔逊修改法案》,1914年制定《农业扩张法案》(又称《史密斯·莱渥法案》)。这些法案促使美国高等技术教育(包括工业教育和农业教育)得以迅速地发展。其结果是工业的和农业的发展得到了科学和技术的支持。这种用立法支持教育的经验,是很值得借鉴的。

(三)职业教育的制度化

19世纪末,美国成了最发达的资本主义国家,工业生产占世界第一位,生产和资本的集中程度比德国还高。1910年,只占企业总数1%的3000家企业握有全国生产的一半。工业的迅猛发展,生产的高度集中,推动教育适应工业化的要求逐步形成统一的制度。

1.《史密斯·休斯法案》和职业教育制度的确立

《史密斯·休斯法案》是使中等职业教育制度化的划时代的立法。它是经过长期酝酿才产生的,于1917年2月23日总统签字后正式生效的。

最先正式论证职业教育必要性的是马萨诸塞州的道格拉斯委员会。马萨诸塞州于1905年决定由州长道格拉斯负责设立委员会,调查州内各产业对教育的要求。经过调查得出了如下结论:①大多数人对职业的特殊训练比较关心;②产业部门缺乏熟练的劳动力,不仅技术水平高的部门缺乏熟练劳动力,一般部门也感不足;③公立学校在观念、范围和方法等方面,都是以传授知识为中心的;④工会对委员会的工作持怀疑态度,担心所制订的职业学校计划会影响劳动力市场;⑤一般人认为州政府应对必要的职业教育给予全部或部分的财政上的资助。委员会认为州里

14—16岁的少年正在浪费时间,失去获得技术成就的良机。委员会强调了职业教育的必要性,要求将公立的工业学校作为州的教育制度的一部分加以资助,由其他社团设立的工业学校,州也应承担一半的经费。这个报告得到了承认,州里通过了相应的预算。

《史密斯·休斯法案》的要点是:①联邦政府每年要支付50万至300万美元的补助金,以支付担任工业教育的学校校长和教员的薪水(对农业教育也有规定)。②在4年里还要支付50至100万美元,以培养工业教育和农业教育方面的教员。③补助金只发给能增添一倍补助金的州。④用20%以下的振兴工业教育的补助金作为家政科教师的薪水,将1/3以内的补助金用于对14岁以上的劳动青少年进行教育的定时制学校。

由于得到国库的资助,职业教育发展的速度加快了,据统计,1918年全国工业学校教员为3276人,到1925年达9037人;学生数,1918年为117934人,1925年达到382275人;工业教员的培养机构,1918年有45所学校,1925年成立了84所。为了管理好国库资助的职业技术学校,联邦于1917年6月成立了相应的管理机构,即联邦职业教育委员会。该委员会由农务、工务、商务三署署长、教育署署长及总统任命的三位委员组成。以后,管理机构虽有变动,但联邦对职业教育一直起着影响作用。

2.中学的定型

1900年,中等教育的基本形式是公立中学。公立中学在创办时仿照欧洲文法中学的模式,以培养学生升学为目的,注重学术性课程的教学。随着经济和社会的发展,公立中学发展很快。中学开始普及,许多来自四面八方的学生无意于毕业后升入大学,对于为升学而开设的课程缺乏兴趣,学校必须确定自己的目标。

1892年全国教育协会中等教育委员会十人委员会成立,讨论中学课程标准问题。委员会确认中学的存在首先是为生活作准备的,为升学作准备是第二位的。因此,认为英语、外语、历史、数学、自然科学是中学的核心课程。

后来，全国教育协会又成立了另一个委员会——中等教育改组委员会。该委员会于 1918 年出版了《中等教育的基本原则》。在这本书里，鼓励正常的男女孩子上全日制学校，直到 17、18 岁，这样就第一次提出了普及中等教育的呼声。委员会认为中等教育的目标有 7 个方面：①健康；②掌握基本知识与技能；③健全的家庭成员；④职业能力；⑤公民权利和义务；⑥善用闲暇；⑦合乎伦理的品格。这些目标打破了旧的传统，使中学不再成为大学的附庸，并把职业能力的培养正式作为中学的重要目标。

中学目标的确立，是长期争论的结果。从职业教育兴起以后，对普通教育同职业教育的关系一直存在着不同的看法。有些教育家（例如斯内登）主张通过学校教育培养大量有能力的熟练地掌握一定技能的工人来提高社会效率。认为教育的最终目的就是最大限度地提高效率，保证社会机器能高效地运转。教育制度的优劣要以能否按照工作、职业的需要培养学生来衡量。因此，斯内登极力主张发展专门的职业技术学校，使学生到 14～15 岁时就能根据自己不同的特点、能力接受专门的职业教育和培养。在他看来，出身于工人家庭的 14～15 岁的孩子，因为没有钱上大学，不可能成为上等人，就应当接受职业教育，去当工人。学校要根据工作岗位的需要，制订计划，力求使学生学会这一职业所需要的各种细节，以供毕业后应用。按照这种理论，应当大力发展专门性的职业技术学校，加强职业技术训练。

但是，上述理论从一开始就受到另一部分人的批评。另一派的理论代表是杜威。在 1899 年出版的《学校与社会》一书里，他主张加强学校与社会的联系。在 1916 年出版的杜威的名著《民本主义与教育》一书里，又系统地阐述了他的思想，还设专章论述"教育的职业方面"。在他看来，教育上的各种纷争都同如何认识教育与职业的关系有关。杜威认为，由于当代生活中的经济因素日益重要，唯有职业才能使个人的特有才能和他的社会服务取得平衡，有必要使教育揭示职业的科学内容和它们的社会价值。但是，杜威又反对教育单纯为工业社会服务，培养有效率的劳动者的观点。在他看来,工业社会的发展是很迅速的,如果学校只是将现实的职业技能教给学生,那么,到学生毕业时就已成为落伍者,不能满足当时职业的需要。

20世纪初,杜威在美国有很大的影响,全国教育协会的报告,基本上是在杜威思想影响下形成的,要求在普通中学里蕴含职业能力的培养,而不是大量地开设专门性的职业技术学校。这个报告对美国中等教育有很大的影响。美国广泛设立综合中学,在这些中学里都有职业教育方面的课程,承担着职业教育的任务;而专门进行职业教育的职业技术学校并不发达。这种20世纪上半叶形成的中等教育的格局是美国所独具的。

3.高等职业教育的制度化

20世纪上半叶,工业和农业学院在继续发展。

同时,又出现了一种新的形式,即两年制的社区学院。这种学院按照综合中学的基本精神,为一般对工艺和商业有兴趣的青年和失业的成年人服务。学费低,入学条件不作严格要求,科目实际、多样。1940年统计全国社区学院已有217所,为高等教育的普及打下了基础。

4.在职工人的培训

工业的发展壮大了工人阶级队伍,工会组织也就成了一支不可忽视的社会力量。19世纪末,美国按照职业类别组成工会。工会自己开办职业学校,还积极参加职业教育方面的立法活动。在史密斯·休斯法案通过的前后,各种工人组织都发挥着自己的作用,影响着法案的制定和贯彻。

企业对职业教育也是非常关注的。在19世纪末20世纪初,已有工厂开始为在职职工进行技术培训的尝试。例如,1901年鲍德温铁道公司为职工开办3个学习班,第一个班面向初等学校毕业生,学制3年,每周上课3次,学习各门学科和工厂实习。第二个班面向18岁以上有经验的工人,学制两年,学更高一级的学科内容。第三个班面向大学毕业以上学历者,要求他们阅读专业论文,并不要求听课。

在这个基础上,1913年成立了全国企业内教育协会。参加的有铁路、电信电话、煤气、机械、汽车等各种企业。协会注意企业的管理者、大学毕业生、高级熟练工的培训。

1919年,联邦职业教育委员会开始研究工长、产业监督者的培训方法。首先是对各种职务进行分析,然后,据此制订培训计划,明确培训的程序和阶段,以及实施方案,其效果是不错的。

这种培训也应用于军事部门。特别是在第二次世界大战期间,军事部门用这种办法有计划地培训了大批熟练工人和技术人员,增强其军事实力。

(四)第二次世界大战以后的职业教育

职业教育制度,基本上形成于20世纪上半期。第二次世界大战后,根据新技术革命的需要,进一步对职业教育制度作了修正和补充。

1.高等教育的普及化促使大学和学院的职业教育发展和中学的重新定型

第二次世界大战结束后,美国国会通过退伍军人助学金法案。凡是志愿升学的,不论年龄、科别,都可以得到充分的津贴。这一措施使高校人数急剧增加。同时,战后经济繁荣,就业机会增加,使青年期望通过升学谋求职务上的升递,高等教育趋于普及化。在高等教育中发展得最快的两年制的社区学院,现在已成为高等教育的重要组成部分。

高等教育的发展,特别是社区学院的发展,使职业教育的程度有上移的趋势。原来"技术员"主要是从受中等职业教育的青年中选拔的,现在逐步由两年制或四年制的大学生来担任。两年制的社区学院成了中学后职业教育的主要基地。

与此相适应,中等教育的任务也起了变化。中学主要承担较低层的职业教育,培养半熟练工人、熟练工人和初级的技术人员。综合中学有了适当的分化,有的以学生升学为主要任务,有的则趋于更加实用化,培养低层次的工人和技术人员。

2.《国防教育法案》对职业教育的影响

美国一直自诩为教育和科学技术最发达的国家。1957年苏联卫星上天,表明苏联在航天领域的科技水平超过了美国。这一事实震动了美国朝野,人们开始反省教育方面的不足,重新制定教育政策。

第二年9月,美国制定了国防教育法案,决定拨巨款资助教育,以振兴教育和科学技术,增强国防实力。国防教育法案把教育的重点转向精英人才,特别是尖端科技人员的培养。

国防教育法案规定,联邦政府对从初等教育到研究生院的各级各类学校进行财政资助。法案中有10项措施,其中包括国家急需的各种科技人员的培养,推行地区职业教育计划等。它对美国职业教育的发展有着很大的影响。

3.重视在职职工的技术培训

在战后,美国总结了第二次世界大战期间培训技术人员的经验,重新制订职业教育计划。在这些计划中都很重视在职职工的培养。例如,在1946年制定的《乔治·巴登法案》中针对夜校培训计划存在的短期、片断的缺点,要求推行日间培养计划。1963年制定的职业教育法案,要求把受教育者不限制于在校生的范围,而应扩展到其他阶层。其目的是对渴望就业者、具有工作经验者、有必要进一步提高工作能力者,按工种进行培训或再培训。

4.生计教育的提出

1971年1月,教育总署署长马兰提倡生计教育制度化。之后,得到了广泛的响应。各州都对职业教育进行了广泛的试验,使职业教育进入又一个新的阶段。

二、英国职业教育的历史沿革

英国位于欧洲西部,由大不列颠岛和爱尔兰岛东北部及附近许多岛屿组成。大不列颠岛是英国的主要部分,它分为英格兰、威尔士和苏格兰3个地区,其中英格兰又是最主要的部分。

由于历史原因,英国有3个相互独立、各具特色的法定公共教育制度,英国的教育和科学部仅限于管理英格兰和威尔士的教育事业,苏格兰和北爱尔兰则另立法案和分设机构管理。所以,本章谈及的英国职业教育实指英格兰和威尔士的职业教育概况。

目前的英国(英格兰和威尔士)公共教育制度,是根据1944年教育法的精神建立起来的,它由彼此相衔接的3个连续的教育阶段——初等教育、中等教育和继续教育所组成。在这个现行的教育体制中,英国的职业教育地位显要,它不仅是英国中等教育的一个重要内容,更是英国继续教育的最主要的成分。多年来,职业教育为英国培养训练了大批职业世界所需的各种专业技术人才,造就了大批合格的劳动力;它为英国科技振兴和经济发展作出了重要的贡献。

(一)战前职业教育的产生和发展

1.行会制度的形成与职业教育制度的起始

欧洲的手工业行会组织始建于11世纪末,英国的行会制度大致也是起源于此时。到12世纪,这些行会组织开始由纯粹的宗教性、社交性团体发展成对内保障行会成员经营机会均等、对外采取垄断政策的职能机构,并开始组织和监督行会内部徒工的职业训练,因此,可以说英国对年轻人实施职业和技术训练的制度即产生于此。

在中世纪的这些行会中,劳动组织通常有3种不同身份的人,即徒弟、工匠和师傅组成的。三者之间长少有序,分别经过一定时间的学习后由徒弟晋升为工匠,再由工匠晋升为师傅。在英国的行会中,一般只准师傅一次带一个徒弟,徒弟在固定师傅的指导下,须经过约7年的见习后方可转为工匠。徒弟在学徒期间一般须支付学费,住在师傅家,除衣食费用外还拿一定数额的工资。师傅边使用这些徒弟从事自己经营的职业,边向徒弟传授技艺。徒弟满师转为工匠后,一般仍住在师傅家,为师傅从事手工业劳动,而师傅对工匠仍负有教育的义务。在多种情况下,师傅让工匠在外游历几年以广见闻、丰富经验和提高技艺。游历结束后,工匠要独立制作自己的得意之作。只有得到了师傅的认可之后,工匠才能晋升为师傅。

从 12 世纪起，英国一直采用这种制度对徒工进行职业和技术训练，这种由行会组织实施的制度，一直沿用到 16 世纪中叶"工匠、徒弟法"的颁布。这是英国职业教育发展史上的第一阶段。

2.产业革命的兴起和深入与职业教育的发展

这一阶段的职业教育的特点是：尽管对学徒制度采取了国家监督，但是由于这种来自国家的监督并未像过去行会那样认真地实施，所以这种予以法律化的学徒制度实质上名存实亡；而在这一阶段真正在具体实施的，是教会领导下的、具有济贫性质的职业技术训练与由企业、工人自发组织的职业教育。

(1)"工匠、徒弟法"的诞生

15 世纪中叶起，资本主义萌芽在英国的封建制度迅速瓦解中破土而出。商业资本家开始排除封建行会的限制，采取各种方式控制分散的劳动力，建立起资本主义手工业工场。以毛纺织业为例，最初出现时是分散的，以后逐渐发展成大规模的、集中的手工业工场。在这种资本主义经营方式的冲击下，行会开始出现崩溃的趋势；学徒制度本身也随之瓦解。"不受学徒合同约束的劳动"时有发生，此外，随着行会的崩溃，学徒制度的规定也变得五花八门。为了使学徒制度在行会崩溃的趋势下得以生存，英国采取了对学徒制度实行国家监督的政策。1567 年，当时的女王伊丽莎白一世就颁布了"工匠、徒弟法"，对学徒制度作了统一规定。

但是必须指出，尽管 1567 年的"工匠、徒弟法"使英国的学徒制度得以生存，可是这个经过法律改造后的学徒制度已经发生了一些质的变化。学徒制度由国家管理后，原来中世纪行会那种(代表师傅、工匠、徒弟三方共同利益对学徒制度实施的)监督指导作用便丧失了，自古以来那种师徒间彼此尊重的人际关系也被转成了雇佣关系；而且由于国家在实际生活中并没有像中世纪行会那样具体而认真地对学徒制度实施监督，所以一些雇主便残酷地使用青少年，使学徒实际上成了他们的廉价劳动力,根本受不到真正意义上的职业技术训练。这些情况的普遍发生,致使法律化了的学徒制度名存实亡。

(2)济贫性质的职业教育的兴起

在这一时期,除学徒制度外,在英国还出现了试图将职业教育纳入学校计划的实践。这就是专为贫苦儿童实施的、带有济贫性质的职业教育。

1)产业学校,这种学校是结合"济贫区学徒制度"而建立的贫苦儿童教育机构。为了减轻济贫区的负担,它为儿童开设了纺织、裁缝等手工业课程。

2)劳作学校亦称"劳动学校",这是17世纪末根据洛克的"贫苦儿童劳作学校计划"而设立的另一种济贫性质的慈善教育机构。学校只收父母享受济贫救济的13~14岁贫苦儿童,学校为他们开设了有关纺织、编织以及其他毛织品制作的手工业课程。劳作学校一般都附设于羊毛工厂,使学校成了工厂的一种劳动部门,儿童则成了工厂的重要劳力。贫苦儿童在这里边劳作边接受简单的技术训练和宗教灌输。由于劳作学校的建立,不仅维护了社会秩序,减轻了社会负担,更为产业革命的发展提供了较为理想的劳动力,所以这类慈善学校不仅在18世纪迅速发展,而且一直持续到19世纪中叶;尤其是在产业革命发生之后,英国各地普遍设立了这种以贫苦儿童为对象,施以现实效益的职业教育的学校。从英国教育史上来看,尽管劳作学校是一种典型的"阶级"学校,但它的建立和发展,无论是为贫苦儿童中基础教育的普及还是对职业教育在学校机构中的实施,都发挥了一定的积极作用。

(3)"机械工人讲习所"的兴衰

1)产业革命的兴起与"工匠、徒弟法"的废除

棉纺织业的机械化,使英国的生产方式发生了重大变化,机器大工业生产逐渐取代家庭手工业或工场手工业生产。同时,由于这些机械的应用,对妇女和儿童这样的低工资劳动力的需求也迅速增加。

随着儿童劳动力的激增,强制性的学徒制度成了只为雇主利益而存

在的工具。特别是由于生产作业的分工,儿童从成年人一起作业中分离出来,这使职业技术训练不像以前那样容易进行了,所有的学徒实际上都成了被剥削的廉价童工。雇主的这种要求大量占用童工的欲望以及机器生产之后新工艺易于掌握的事实,使7年制的旧学徒制失去了时代感。这些原因导致了1814年"工匠、徒弟法"的最终废除。

"工匠、徒弟法"废除之后,有关对徒弟进行职业教育的问题,失去了任何法律上的保障,这使雇主滥用妇女和儿童劳动以谋私利的程度日益加剧。从整体上来看,19世纪初可说是英国职业教育史上的一个低谷。

2)产业革命的发展与"机械工人讲习所"的兴起

产业革命在加速旧学徒制崩溃的同时,它的发展又导致了另一种技术教育新形式的诞生。这就是始于18世纪的"机械工人讲习所"。

机械工人讲习所是一种由中产阶级主动资助并自发组织的、向技术工人讲授能应用于其职业的各种科学知识和原理的场所。它首先出现于18世纪末苏格兰的格拉斯哥,后来迅速扩展到英国的一些主要城市;到19世纪上半叶,这一形式的技术教育发展成全国性的运动,又称"机械工人讲习所运动",该运动很快波及欧美。

但是,由于当时初等教育还不完善,工人的文化水平低和难以找到合适的教师,机械工人讲习所只存在了半个世纪。1850年前后,机械工人讲习所已逐渐由当初对职工进行技术教育的场所变为产业革命中产生的中产阶级——技术员阶层进行成人教育的场所。随着讲习所的衰弱,有许多讲习所转为工业学校。尽管机械工人讲习所的生命不长,但它在通过向技术工人讲授科学知识从而适应生产技术变革这一点上,是具有划时代意义的。

3."世界工场"的丧失与职业教育的加强

给英国职业教育以重大影响的是同欧洲各国在经济上的竞争。19世纪下半叶,虽然英国的经济继续蓬勃发展,但这种发展已处在与其他先进国家激烈竞争的背景之中。1851年,在伦敦举办的国际博览会使人们直观地了解到法国的技术已远远凌驾于英国之上,英国为之震惊。后来,德、美两国重视学校教育和产业培训从而振兴科技繁荣经济一跃而为英国最大竞争对手的事实,更使英国政府及其民众认识到了普及世俗的初等教育和职业教育的重要性。为振兴经济,在这一时期除发展国民教育之外,政府与一些民间团体采取了一系列加强职业教育的对策。

(1)政府的对策

就在举办伦敦国际博览会的第二年(1852年),英国政府成立了"皇家工艺学会",于1853年又成立"科学工艺部"负责建立全国性的有关职业技术学科的考试制度,以对职业教育加强管理。尽管如此,英国职业教育的进展还是不快。直到1870年之后,当国家以及一些私人团体开始为此提供资助时,英国的职业教育才有实质性的进展,出现了一批技术学院、商学院和工艺学校。到1888年,与职业教育有关的学校在校人数已超过18万人。

到19世纪70年代,美、德已成了英国最强的经济竞争对手,从而使英国在资本主义世界经济中的地位发生了很大变化。为了比较英国与欧美等国的职业教育制度,1881年政府任命了以塞缪尔森为首的"皇家技术教育委员会",以考察本国和欧洲其他国家的职业教育。委员会于1884年公开发表了根据考察结果而写成的报告书,即"塞缪尔森报告"。报告的内容很广,涉及到英国和欧洲的技术教育,英、法、德、丹麦、荷兰的农业教育,美国的技术教育等;并提出了如下建议:①在初等学校应开设金加工和木器加工的制图课;②应开设科学工艺班,由国民教育局和地方团体来管理;③在培养师资的大学里应大量增设科学技术课;④在地方中等学校里应大量增设科学技术教育课程。

根据这个报告的建议,在1886年成立了"全国促进技术教育和中等教育协会",以促进技术教育的法律化和向地方团体以及有关的机构传递技术教育的情况。在"塞缪尔森报告"的影响下,在"全国促进协会"的努力下,终于在1889年通过了英国第一部"技术教育法"。该法授权地方当局提供技术教育或通过支持民办职业教育和提供奖学金来帮助其他机构提供这种教育。这一法律的颁布大大鼓励和推动了英国职业教育的发展,并为英国职业教育的顺利实施提供了法律上的保障。成人技术教育助学金的设立,大大刺激了19世纪90年代中期(实施职业教育的)成人夜校的发展。

(2)民间的反应

对英国在世界经济竞争中的地位,一些私人、民间团体的反应较政府早些。在19世纪70年代之后的30年中,英国产业界、慈善机构以及专业团体对职业教育已表现出了很高热情。1880年,富裕的"伦敦同业公会"成立了旨在从旁援助技术教育的"伦敦市区成人教育协会"。这个协会的主要任务是主持技术人员的技术考核鉴定,经营和管理工业专门学校和技术学校,向与产业有关的学校提供补助金。在对技术人员的技术考核鉴定中,由于该协会请各方面的权威人士担任考试委员,所以得到了社会的充分信赖。它在以后的岁月中为英国的技术教育,特别是以技术员为对象的技术教育的发展,作出了重要的贡献。

(3)慈善机构的行动

在这一时期,对职业教育发挥重大作用的还有慈善机构资助下创办的"工艺学校"。

随着工艺学校的发展,在学工人自身要求增加课程的深度。在工人的要求下,工艺学校逐渐开设了一些相当于大学程度的高级科学和技术课程;这样,工艺学校就以"夜大学"的形式不断发展着。

总之,由于产业革命后期机械生产的分工越来越细,徒工方式已经丧失了获得生产知识与技术的机会。因此,在这种背景下,业余制的、教育面较宽的工艺学校确实不失为对在职工人进行职业教育的有效途径。

4.20世纪初的职业教育

英国从19世纪末被美、德两国赶上,并在激烈的国际竞争中进入垄断资本主义。政治上的争霸、经济与科技的竞争,刺激了20世纪初英国国民教育的发展。1902年,英国政府颁布新教育法,决定设立"地方教育当局",并委以主管初等教育、中等教育和技术教育之大权,以加强对普通教育和职业教育的领导。但是,新设立的各地方教育当局并不关心职业教育,而把当时的注意力集中在建立和完善中等教育,以传统的、重学术的文法中学为样板统一中等教育。1904年《中等学校规程》颁布之后,虽然中等教育得到了较大的充实和发展,但是由于把中等教育仅看作是进入大学的阶梯,因此原来在学校教育中发展起来的实用性、职业性课程却被排挤在普通中学之外。这不能不说是英国职业教育发展史上的一大失误。尽管如此,进入20世纪后,英国职业教育的发展并未停滞不前,而只是发展的进程有所减慢。在以后的近40多年里,普通中学之外的初级职业技术学校得到了一定的发展;高等专业技术教育也开始兴起,职业教育体制本身也趋于完善。这些为战后职业教育的蓬勃发展奠定了基础。

(1)初级职业教育的发展

作为20世纪初英国职业教育的对策,处于普通学校体系之外的初级职业技术学校开始在本世纪初较快地发展起来。它主要通过设立全日制的"初级技术学校"和"中心学校"来替代在上一世纪曾发挥过职业教育作用的某些机构。"初级技术学校"大多是在本世纪20年代前后创建的,它以13岁的青少年为对象,修业年限2～3年。"初级技术学校"开设的学科面较宽,从机械、建筑到整个产业领域。它处于中等教育的地位,实际上是中等教育的另一轨而已。"初级技术学校"曾在英国职业教育史上发挥过很大作用,它在整个30年代得到了充分的发展,在1935年这类学校的总数在全国已达134所之多;在校学生数到1937年已扩展到3万人之多。在第二次世界大战中,"初级技术学校"发展成了"技术中学"。

(2)高级科学技术教育的发展

进入20世纪后,处于垄断资本主义阶段的英国资本主义,对科学技术教育的要求集中反映在以下两个方面:一方面不断促进完善中等教育制度;另一方面则积极推动大学的科学技术教育的发展。因此,自20世纪开始,英国创立了一系列实施高等技术教育的理工科大学。

1907 年,由皇家科学学院、皇家矿物学院和伦敦市区成人教育协会所属的工程技术学院三家合并,创立了"帝国科技学院"并成为伦敦大学的一部分。在 1900—1909 年间,先后增设了 6 所大学,其中 3 所(伯明翰大学、利兹大学和谢菲尔德大学)是由应用科学学科发展而来的;其余的 3 所(曼彻斯特大学、利物浦大学和布雷斯托大学)则决定把科学和技术学科作为学位课程和研究生研究科目。20 世纪后,得到较快发展的还有"技术学院"。

(3)国家资格的技术人员证书制度的建立和发展

20 世纪后还有一个重大变化,这就是废除"科学、技术"考试制度,代之以国家资格的技术人员证书制度。如前所述,19 世纪后半期开始,英国职业教育是根据科学工艺部和伦敦市区成人教育协会等机构所实施的考试来确定其内容和规定其标准的。"科学、技术"考试的对象,是那些属于这些考试机构的各职业教育实施机构的毕业生。但是由于进入 20 世纪后中等教育的改组以及技术学院的发展,参加这一考试的人数有所减少,考试合格者的人数也相应明显减少。这样到 1911 年,地方教育当局就停止了这种初级的职业教育考试,进而又废止了除奖学金外的所有考试。伦敦市区成人教育协会也在 1918 年终止了它举办的考试。

于是在 1921 年,英国中央一级的教育主管部门——"教育署"与一些专业团体(如工业技术人员协会)协作,共同建立了一套较为系统的技术人员证书制度。这种新的证书考试具有国家性质,且有一定的标准。对考试合格者授予国家证书或国家文凭,作为进入某一行业或专业的资格。

国家证书分为"普通"和"高级"两种,主要授予技术学院部分时间制课程学习合格者。"普通国家证书"一般授予学完 3 年技术学院部分时间制课程者;"高级国家证书"则授予那些已经有了"普通国家证书"后再继续学完两年部分时间制专修课程者。与此同时采用的国家文凭,也分为"普通"和"高级"两种,主要授予那些学完 2 年或 3 年全日制课程的技术学院毕业生。

国家资格的技术人员证书制度的建立,在英国职业教育发展史上具有划时代的意义。它使在技术教育机构中学习的合格者也能获得与大学毕业生几乎同等的资格,这大大促进了英国高等专业技术教育的发展,并大大提高了整个职业教育的地位,促使英国的职业教育向多层次的方向迈进。

(二)战后职业教育的发展与变革

二次世界大战,给英国经济带来了重大破坏,尽管它是二次世界大战的战胜国,可它在战后资本主义世界中的地位已今非昔比。为了振兴科技、复兴经济、重组战后社会民主生活,教育也就成了其重要的突破口,而发展和加强职业教育也就成了其中一项重要的战略措施。

1.职业教育在中等教育和继续教育中法律地位的确立(1944年教育法)

在第二次世界大战接近尾声时,为了重建战后教育,以丘吉尔为首的联合政府颁布了"1944年教育法",即著名的"巴特勒法案"。该法是战后英国教育改革的基本法,它对英国职业教育的发展也具有划时代的意义。

首先,它以法律的形式确定了职业教育在中等教育中的地位。为了改革学校体制中的等级制度,尤其是初等教育与中等教育不相衔接的双轨学制,"1944年教育法"规定把英国普通学校体系改成连续发展的三个阶段(即初等教育、中等教育和继续教育);并把5~15岁定为义务教育的年龄。为了保障20年代就产生的"人人都能受到中等教育"的理想在战后得以实现,该法改革了过去以文法中学为中心的中等教育制度,而把中等教育的实施机构分为"文法中学"、"技术中学"和"现代中学"3种类型。

其次,"1944年教育法"以法律的形式确定了职业教育在继续教育中的地位。该法指出,继续教育是指由地方教育当局在本地区对结束了义务教育但未能继续升学的青少年所实施的免费教育;继续教育以全日制或部分时间制的形式,向这类青少年提供体格上或职业上的各种训练,和提供一些实用性的知识或其他所需的教育。尽管继续教育除职业教育外还包括非职业性的成人教育、闲暇教育、普通教育、特殊教育等,但事实上,在英国的继续教育中,其他的各种教育都不如职业教育普遍。因此,英国继续教育体制的确立和发展,实质上是英国政府加强职业教育的一项极重要的措施,因而它也就成了战后英国教育制度发展的一个重要方面。

2.产学合作管理体制的提出及实施(珀西报告)

在 40 年代,对职业教育有影响的文件,除"1944 年教育法"之外,还有 1945 年发表的有关英国高级技术教育的"珀西报告"。该报告尖锐地指出了英国所面临的科学技术教育问题的严重性,从而引起了人们的关注。报告指出:作为先进工业国家的大英帝国,由于没有能将科学有效地应用于产业上而导致了失败,其地位至今仍面临着威胁。报告认为,主要原因是由于国家缺乏发展科学技术教育的有效措施和方法,以及产业界与教育界之间缺乏相互联系和协作,从而使英国受过高等专业技术教育的人才质劣量缺,造成国家目前的困境。

根据"珀西报告",1948 年创立了"全国工商业教育咨询委员会"和 10 个地区继续教育咨询委员会,以协调全国和各地区职业教育的发展。在这些咨询委员会中均有地方教育当局、继续教育机构、企业界雇主和雇员的代表。至此,"珀西报告"有关在职业教育发展上产学合作、共同管理的理想,终于变为现实。此外,"珀西报告"有关高等工程技术学院的设想,在 10 年之后随着"高级工程技术学院"的建立和发展,也大多得到了实施。

3."1956 年技术教育白皮书"的颁发及其对高级技术教育的影响

"珀西报告"的发表,似一石激起千层浪。在以后的 10 年里,要求加强科学、技术教育的各种报告、白皮书层出不穷,也采取了不少措施。1946 年,"科学人力委员会"提出"巴罗报告",就以后 10 年内的科学人才与资源的利用和开发提出建议，它主张大力扩展大学中的科学、技术教育，在 10 年中成倍增加大学理工科专业的学生数。1947 年，由产业界、大学与政府部门三方代表组成的"科学政策咨询委员会"成立，以更好地指导全国的科学、技术教育。1950 年，成立不久的"全国工商业教育咨询委员会"提出了题为"高等工程技术教育的未来"的报告，也主张在条件好的技术学院里开设高等工程技术课程，并强调了创建与大学具有同等水准的高等工程技术学院的必要性。1951 年，工党政府发表题为"高级技术教育——政府的政策"的白皮书，阐明了国家的科学技术教育对策。1954 年，议会提出备忘录，呼吁必须对缺乏科技人才的问题采取紧急措施。此外在同一年，"全国工商业教育咨询委员会"向政府提出了建立全国性的学位授予机构的强烈要求。尽管如此，由于缺乏具体而有力的措施，到 50 年代中期科技人才缺乏的状况并未有较大的改观。为此，在 1956 年，政府颁发了战后英国职业教育发展史上具有重大影响的"技术教育白皮书"。

1956 年的"白皮书"的颁发，对英国职业教育的推动是很大的，对高级技术教育更是如此。进入 60 年代时，各级各类的技术院校已经得到了很大发展，到 1962 年，"地方学院"在英格兰和威尔士已达 350 所，"区域学院"有 165 所，"地区学院"25 所，"高级工程技术学院"在全国已发展到 28 所，其中有 8 所后来根据 1963 年"罗宾斯报告"的建议发展成为独立于地方教育当局的技术大学，其余 20 所成了伦敦大学和威尔士大学的一部分。在英国，一个较完善的职业教育体系就此形成。

由此可见，1945 年"珀西报告"提出的许多见解，特别是发展高级技术教育的建议，到"1956 年技术教育白皮书"之后才真正得到采纳和实施。从这个意义上来说，"1956 年技术教育白皮书"在战后英国技术教育发展史上是具有划时代意义的。

4."克鲁塞报告"及其对初级职业教育的影响

从"珀西报告"到"技术教育白皮书"，其焦点都集中在培养高级技术人才上；而 1959 年由中央教育咨询委员会发表的"克鲁塞报告"则主要涉及义务教育结束后青少年的职业教育问题,即培养中、初级技术员和熟练工人的问题。

"克鲁塞报告",实际上就如美国1958年的"国防教育法",是对1957年苏联第一颗人造卫星上天所作出的一个反应。

"克鲁塞报告"的主要建议有:改善继续教育机构所提供的教育内容;密切继续教育机构与中等学校之间的关系;确保青少年的学习时间。在教育内容上,该报告强调了学习计划的多样性与实践性。在受教育时间上,报告书提议可将每周1天(或两个半天)去继续教育机构学习的"连续性间断"方式,改为将1年间应出席学习的天数(44天)分为两个或三个阶段(每阶段为3～4周)的"阶段性间断"方式。在技术人才结构上,"克鲁塞报告"还建议在1956年政府白皮书把技术人才规定为高级技术员、技术员、熟练工人的三个层次之下,再追加一层——作业员,以此作为继续教育机构所培养的第四种技术人才。这种作业员是通过5～6周全日制课程或(每周一天、半天的)2～3年部分时间制课程所培养的半熟练工,以从事机械和各种设备操作,适应工业发展对青年工人机械化、自动化知识技能的需求。此外,报告书还提出要在1969年把全国的义务教育年限延长至16岁,并要求年满16岁的青少年都要在义务教育的最后一年学习增设的、以选择职业为中心的课程,以便他们为未来生活作好准备。报告书还提议1970年起建立多科技术学院。

英国政府对该报告的反应是积极的,采纳了其中的许多建议。在1961年发表的题为"扩大技术教育机会"的白皮书中,政府提出了根据"克鲁塞报告"中许多建议而制订的十项实施计划,表示要加强中等教育与继续教育之间的联系,充实和发展各级各类技术学院中的培养中、初级技术人员的课程。

5."1964年产业训练法"的颁布与产业训练新体制的建立

1814年"工匠、徒弟法"的废除,使对徒工的职业技术训练失去了法律上的保障。1889年的"技术教育法",对企业内职工的职业教育也并没有什么特别之规定。

战后的英国,经济振兴与发展所需的各级技术人才严重缺乏,历届政府采取了一些卓有成效的措施,加强了大学与继续教育阶段的高级科学技术教育和初级职业教育。到50年代后期,开始把加强企业内的产业训练并使之法律化的工作提上了议事日程。1958年,劳工部发表题为"技能训练"的"卡尔报告",报告就技术人才的培养制度提出了下列4个问题:即培养技术人员的合同期是否应该缩短;培养制度是否应该包括技能鉴定;培养制度对年龄较大的毕业生是否公平;培养制度是否应对成年人规定训练规则。"卡尔报告"尽管对职业教育仍主张恪守"政府管教育、企业管训练"的传统,没有向劳工大臣明确提出产业训练法律化的问题,但它的发表还是对产业训练产生了积极的影响。根据它的建议,同年不久就成立了由"英国产业联合会""英国工会代表会议"劳工部、教育部以及技术团体等各方代表参加的"中央训练咨询委员会",负责向产业界就产业训练及时提出建议和忠告。该咨询委员会的设立,在宣传有关组织产业训练的重要性上发挥了一定的作用。但是,由于"中央训练咨询委员会"本身不是一个权力机构,所以它不能对产业训练的扩充和发展发挥直接作用。换言之,它的设立并没能打破企业对产业训练的垄断,从根本上改变长期以来存在的国家对产业训练不干预的"自愿自助"的传统,从而改变战后一直存在的熟练工人严重缺乏的状况。为此,在1962年底,政府颁发了对产业训练以重大影响的"产业训练白皮书"。

为了统一英国的产业训练之标准,调动各企业参与和发展职工职业技术训练的积极性,加强英国的产业训练,白皮书为第二年提交议会的"产业训练法案"建立了框架。经过半年多的认真讨论和审议,该法案终于在1964年3月获得通过。英国产业训练法律化的问题至此才算得到解决。

"1964年产业训练法"是英国职业教育史上具有划时代意义的又一部法典。它根据"产业训练白皮书"所描绘的蓝图,在法律上对英国的产业训练作了一系列的规定。首先,它规定了"产业训练委员会"的设置:"产业训练委员会"是法人团体,由劳资两方代表和教育专家代表按一定比例组成,成员由政府就业大臣任命,训练委员会的一些重大决策须经国务大臣正式批准。这在法律上确保了政府对产业训练的宏观控制,保障了产业训练的有关各方在组织上的协调统一。其次,该法确定了产业训练上的财政经营制度,它规定各"产业训练委员会"可向所属本系统的企业主征收训练费,然后将征得的钱支付给"产业训练委员会"所认可的、能提供训练的企业主使用。

由此在法律上解决了长期以来阻碍产业训练发展的训练费用的问题,这大大提高了各企业热情参与和加强企业内职工技术训练的积极性。再次,该法还规定,根据"1944年教育法"所提供的继续教育设施,应包括产业训练设施,这奠定了产业训练在继续教育中的法律地位。此外,该法还对"中央训练咨询委员会"的职能作了一些规定。

6."1973年就业与训练法"的颁发与产业训练体制改革

尽管"产业训练法"的颁布促进了英国产业训练的发展,但是到60年代末70年代初起,根据该法建立的产业训练委员会体制开始受到一些中小型企业的抨击,他们认为在产业训练方面小型企业从该法中受益不多,要求对因此而建立的产业训练制度进行改革。此外,进入70年代后,由于经济状况一再恶化,致使失业人数大增。这样,如何向"产业训练委员会"之外的工人提供训练机会,如何通过训练来帮助失业人员重新就业,使训练与就业结合起来,这些问题成了当务之急。这些都要求政府尽快地作出反应。

于是,在1972年2月就业部发表了题为"未来的训练"的议案,以供全国讨论。议案评价了"1964年产业训练法"颁布以来英国产业训练的现状,在肯定"产业训练委员会"工作的同时,指出了这一体制的一些局限性,认为"产业训练委员会"不适应小企业的需要,不能在更广泛的范围内满足各个职业对劳动力的需要,进而议案提出了改革这一体制的意见。它提出要进一步加强政府对产业训练的宏观参与,主张要靠政府来扩大训练机会,建议在政府的直接参与产业训练的前提下设立"全国训练服务处",由它负责促进就业和提供训练机会,制定训练规程,负责调整"产业训练委员会"的工作,向企业主提供建议,承担"产业训练委员会"之外的某些部门的训练工作。显然,这一议案旨在进一步加强政府对产业训练的宏观控制,削弱行业性的"产业训练委员会"的机能,使产业训练的机会向产业界全体职工开放。

经过半年多的热烈讨论之后,同年 8 月政府发表了对上述议案的修正案。于 1973 年 3 月,就业部就以"就业与训练"为题向议会提交了白皮书,提出了设立有关"人力服务委员会"的法案。议会通过了该法案,于同年 7 月"就业与训练法"正式颁布。根据该法的规定,在 1974 年 1 月设立了由劳资双方代表、地方教育当局代表、教育界代表按一定比例组成的"人力服务委员会",负责促进就业和训练事业的发展,其成员由就业国务大臣任命。在"人力服务委员会"之下设有两个重要的具体实施机构:"就业服务处"和"训练服务处"。

由此可见,"就业与训练法"的主要目的,在于使产业训练与劳动市场变化密切联系起来,并把与训练和就业有关的主要业务统一在一个总的领导之下,以便根据这些业务主要受益者(即企业、工会、地方当局)的共同利益进行管理。但是必须指出,尽管"就业与训练法"颁布之后,政府通过"人力服务委员会"依法对产业训练进行了英国历史上前所未有的高度干预,但是从根本上来说,英国的产业训练仍不失其"自愿自助"的传统,事实上各企业主的意志和行动仍决定着产业训练的实际进程。

三、日本职业教育的历史沿革

根据日本 1951 年颁布的"产业教育振兴法"的规定,日本的职业教育是一个较广泛的概念,即"是从初中到大学的各级各类学校,为使学生掌握从事农业、工业、商业、水产和其他产业所必需的知识、技能以及培养热爱劳动的态度所进行的教育"。因此，在日本，除了幼儿园和小学以外，各级各类学校都设置职业技术学科，对学生进行这方面的教育，这也可以称之为是日本教育的一个特点。

日本的职业教育，是在第二次世界大战后，随着经济的恢复和发展而迅速发展起来的，特别是在经济高速发展的 60 年代，有了较大的发展。从 70 年代开始，中等职业教育的规模虽不再急剧发展，但对此仍然十分重视，并把它确立为中等教育结构中的一个重要组成部分。

总之，日本在战后为了全面适应社会与经济发展的需要，高度重视职业教育，政府在各个时期制定的一系列法令、政策、计划及采取的各项具体措施，使职业教育不断得到改善与扩充。如今，在日本已形成了一个多层次、多类型的比较完整的职业教育网，有学校、企业和社会所办的几大类职业教育。

日本自明治维新以来，就有着进行职业教育的传统，迄今已有 100 多年的历史。明治维新后，日本为了实现资本主义工业化，由锁国转为开放，积极学习欧美的经验，并提出了有代表性的经济政策——殖产兴业。日本近代的职业教育，就是作为殖产兴业政策的一环而出现的，其目的是通过发展实业教育，掌握欧美国家的先进科学技术。

战前的日本职业教育，是以中等教育阶段的实业学校、高等教育阶段的实业专门学校和以工人为对象的实业补习学校三者为中心的，其中，实业学校作为中等教育的一个教育机构，所及范围远广于今天的职业教育机构。

(一)明治时期的职业教育

日本的现代教育，起源于颁布学制的 1872 年，而职业教育制度，是从 1883 年的农业学校通则及 1884 年的商业学校通则颁布起建立的。但明治初期的职业教育，是比较薄弱的，可以说是峡谷间的教育，即被夹在为庶民所办的初等教育和为培养高级人才的高等教育两座大山之间的教育。

1871 年,工部省的各局各寮开设了修技所或讲习所,用简单的方法教授一些必要的技术。如电信局内开设了修技教场,劝业寮内开设了女子讲习所等。1874 年还在东京开成学校内设置了制造学教场,讲授冶炼和施工方面的内容。

当时,致力于农业教育的,是内务省劝业寮和劝农局。1874 年,在内藤新宿办事处开设了农事修学场(后改为驹场农校),聘请外国教师进行教学。

到了明治后期,情况发生了很大变化。1894—1895 年的中日甲午战争,促进了日本工业革命的发展和资本主义的确立;1904—1905 年的日俄战争,又促进了日本从自由竞争的资本主义向垄断资本主义的过渡。这两次以侵略中朝两国为对象的战争,给中国人民、朝鲜人民以及日本人民都带来了战争的灾难,但却使日本经济得到了发展。特别是日俄战争,对于日本摆脱国内经济危机和促进工业高涨,起了重要作用。例如,1904—1914 年的 10 年间,日本工业生产增加了 1.5 倍,雇 10 名以上工人的工厂增加 1 倍以上,其中使用机械动力的工厂增加 1.7 倍。

在这种情况下,日本国内要求对生产第一线的工人进行职业教育的呼声逐渐高涨起来。1893 年就任文部大臣的井上毅适应了舆论的要求和社会生产的实际需要,把职业教育的发展提到了突出的地位,在他的大力提倡和赞助下,日本于 1893 年颁布了《实业补习学校章程》;1894 年颁布了《徒弟学校章程》、《简易农校章程》,而且,还在同年制定了《实业教育费国库补助法》,依据此法,把 15 万日元的国库支出金分配给了全国 20 多所学校,从而促进了职业技术学校的发展。1899 年,日本政府又颁布了《实业学校令》,同时,制定了《农业学校章程》、《工业学校章程》、《商业学校章程》、《商船学校章程》,两年之后又制定了《水产学校章程》。

1900—1912 年的 12 年间,日本的实业学校数和学生数,就增加 4 倍左右;实业补习学校增长近 49 倍,学生数增长 38 倍多,从而培养出了一批当时所需要的中级技术人员和技工,并使职业教育有了一定的基础。

(二)大正时期的职业教育

在第一次世界大战中,日本靠大量出口军用物资和各种日用品等,使生产得到了飞跃性的发展。尤其是工业界,不仅轻工业空前的繁荣,机械工业、化学工业、金属工业等重工业也有很大发展。生产的发展,对教育产生了很大影响。

内阁总理大臣在1917年发出了如何使教育体制适应社会形势的咨询,对此,小学教育、高等普通教育、大学教育、专门教育、师范教育、视学制度、女子教育、职业教育、通俗教育等分别提出了咨询报告。在关于职业教育的咨询报告中,提出了职业教育制度不需要改变,但要增加国库补助,以振兴发展职业教育;还要整顿行政机构;避免偏重技能的弊病,增强道德教育;提高职工待遇等。在其他咨询报告中,也涉及一些职业教育的问题,如增设实业专门学校;扩充实业补习教育等。

基于以上一些意见,日本政府首先于1919—1924年扩充了高等职业教育机构,即增设了高等专科学校,其中有10所工业高等专科学校,5所农业高等专科学校,8所商业高等专科学校。另外,日本政府又于1921年制定了《职业学校章程》,规定除了以前的实业学校,对于适应社会形势而出现的新的职业学校也应予以承认。还于1926年设置了青年训练所,其训练项目中包括一些职业科目。中等程度的实业学校数及学生数在大正时期有很大增加。

(三)昭和初期的职业教育

昭和初期,在世界性的经济危机中,日本经济也出现了不景气。尤其是农民,陷入了最贫穷的境地。随之,又出现了失业、就业难等问题。在这种情况下,日本政府对各类职业教育机构进行了一些整顿充实。如在工业教育方面,设置了一些速成性质的各种学校,教授一般学校不开设的汽车、照相、食品等学科,学习时间短则一到两个月,长则一到两年不等,还办起了一些工厂学校。在商业教育方面,扩充了簿记学校、打字学校等。在家政教育方面,城市里进一步发展了裁缝西装的学校,而且,各地都开始举办营养讲习会等。在商船教育方面,由于海运界的不景气,失业者增加,新录用人员减少,所以,东京、神户等 11 所商船学校采取了入学者减半的措施,而且,佐贺商船学校、岛根商船学校、函馆商船学校等终于不得已停办了。

另外,昭和初期,日本文部省修订了工业、农业、商业、商船、水产等各类中等职业技术学校的章程。对于修业年限为两年的短期职业技术学校予以承认,目的在于振兴"低度"的职业教育。1935 年,颁布了《青年学校令》,其内容主要是把实业补习学校与青年训练所一体化,都作为青年学校。另外,还整顿充实了高等职业教育,如 1929 年把东京和大阪的两所工业高等专科学校升格为大学,1935 年和 1937 年使东大农学部的职业科与教员养成所分别独立等。

(四)战时的职业教育

在战争时期,特别是第二次世界大战时期,日本的政治、经济以及教育都被统一为战时体制,为侵略战争服务。1941 年,日本政府颁布了《国民学校令》,把小学校改为国民学校。规定国民学校的目的为:根据皇国之道,实施初等普通教育。国民学校分为初等科和高等科,高等科中增设了职业课程。1943 年,颁布了《中等学校令》,将过去的中学校、高等女子学校和职业学校综合化,都改称中等学校,但仍分为男子中学、女子高等学校和职业学校 3 种类型。其目的为依据皇国之道,实施高等普通教育与职业教育,以培养皇国臣民。同年,还修改了《专门学校令》,把实业专门学校统一为专门学校,并根据战时体制的要求,扩充了理科类的专门学校,同时,缩小整顿了文科类的专门学校,把商业专门学校转变为工业专门学校或工业经营专门学校。

总之,战时的日本职业教育政策,是为培养随着军需产业的急剧扩大所需的技术人员,而大力扩充发展有关机械、电气、应用化学等工业方面的学校及学科。

第二章　职业教育管理

一、美国职业教育的门类

(一)社会的职业分类和职业教育的门类

职业教育同普通教育不同,它有明确的指向性,为社会的一定劳动部门培养劳动后备力量。所以,在确定职业教育的门类时,一定要考虑到社会的职业分类,以及各种职业未来的发展趋势。

美国的职业,按不同的标准可作不同的分类。一种是分为 3 大类:①农业(第一产业);②工业(第二产业);③服务业(第三产业,其中包括商业、金融、保险、房地产业、交通运输、公用事业和服务业)。这 3 类职业所吸收的劳动力以及其就业人数,在总的就业人口中所占的比重是在变化的。据统计,第二次世界大战以来,美国第三产业的就业人数从 1940 年到 1983 年增加了 2.5 倍。第三产业就业人口在全国就业人口总数中所占比重,由 1940 年的 44.16% 增加到 1983 年的 70.75%;同期第二产业的就业人数则仅增加 1 倍,但其就业人口所占比重,竟由 28.37% 下降为 24.13%。在此期间,第一产业的就业人数减少了 59.73%,其就业人口所占比重由 27.47% 降到 5.11%。

第二种是按照工作部门加以分类,如分为农业、制造业、商业、政府部门、服务业、交通和公用事业、金融和不动产业、建筑业和矿业等。按照这种分类,就业的构成情况如下表:

表 1　美国劳动力在农业和非农业部门的配置情况(％)

年份	农业	非农业部门
1947 年	13.9	86.1
1960 年	8.4	91.6
1965 年	6.2	93.8
1970 年	4.4	95.6
1975 年	4.0	96.0
1980 年	3.4	96.6
1981 年	3.4	96.6
1982 年	3.4	96.6
1983 年	3.4	96.6

资料来源:根据《美国统计摘要》1982—1983 年推算。

表 2　美国非农业部门就业构成表(％)

年份	制造业	商业	政府部门	服务业	交通和公用事业	金融和不动产业	建筑业	矿业
1947 年	35.4	20.4	12.5	11.5	9.5	3.9	4.6	2.2
1960 年	31.0	21.0	15.4	13.6	7.4	4.9	5.4	1.3
1965 年	29.7	20.9	16.4	14.9	6.7	4.9	5.3	1.0
1970 年	27.3	21.2	17.7	16.3	6.4	5.1	5.1	0.9
1975 年	23.8	22.2	19.1	18.0	5.9	5.4	4.6	1.0
1980 年	22.4	22.5	18.0	19.8	5.7	5.7	4.8	1.1
1981 年	22.1	22.5	17.6	20.4	5.7	5.8	4.6	1.3
1982 年	21.0	22.8	17.6	21.3	5.7	5.9	4.4	1.3
1983 年	20.8	22.8	17.4	21.9	5.5	6.1	4.4	1.1

资料来源:《美国统计摘要》,1982—1983 年,第 394 页。

第三种分法是按就业人员的劳动性质来分，分为白领工作者和蓝领工作者。所谓白领工作者系指相对蓝领工作者而言，通常指穿衬衣打领带从事脑力劳动的工作人员。在美国官方统计中一般包括：专业技术人员、经营管理人员、办事人员、销售人员。蓝领工作者则指穿工作服的体力劳动工人，包括技工、机械操作工和非农业杂工。此外，还有服务人员和农业人员。表3是按这种分类所表现出来的职业结构变化。

参照职业的分类，美国把职业教育分为八类，即：①农业教育；②商业与办公室工作教育；③销售教育；④卫生职业教育；⑤家政教育；⑥手工艺与工业教育；⑦技术教育；⑧工艺教育。其中第8类工艺教育是近几年来新加进去的一类。

(二) 农业教育

农业曾经是很重要的产业，吸引着众多的劳动力。政府亦很重视农业教育的发展，《摩雷尔法案》是以支持发展农业教育为主要目标的。按照联邦职业教育委员会1931年的报告："农业教育的主要目的是培训现在与未来的熟悉农业的农民。"

随着工业化的进展，农业在国民经济中所占的比重逐步下降，从业人员也大幅度减少，大批的农业劳动力转向其他生产部门，据1981年统计农业人员仅占就业人口的2.7%。

美国农业的生产力水平是很高的，1945年一个农民能养活14.55人，到1980年一个农民已能养活65人(除农民自己外，能养47个国内人口和18个国外人口)。这是因为农业已经实现了机械化、科学化，生产组织上也已社会化。上世纪50、60年代美国农工商综合企业发展很快。许多工作已由为农服务的企业去完成。这些企业通过合作与农场相联结，为农业提供机械、机械维修、种子、化肥、农药等，还对农产品进行加工、包装、储运、销售。

现代化的农业对农业人员的素质提出了很高的要求。如果没有灵活的经营头脑、很强的操作能力和丰富的文化科学知识水平，已经不能满足农业生产的需要。现代化的农业,对农业教育提出新的更高的要求。据美国教育总署编的地方与州学校系统课程与教学标准术语手册中记载,农业教育方面有 7 种课程计划:

1.农业生产;

2.农业供应与服务;

3.农业机械;

4.农产品(加工、检验、销售);

5.观赏园艺学;

6.农业资源(贮藏、利用、服务);

7.林学。

每种课程计划都由一组课程组成。农业教育包含的内容是相当丰富的。

(三)商业和办公室工作教育

商业在美国第三产业中占据头等位置,目前产值仅次于制造业。在商业部门就业的人数居于国民经济中一切部门之首,要占用 22% 的非农业劳动力。在商业就业人口中,零售商占 3/4,批发商占 1/4。

随着科技革命的深入和商业竞争,商业逐渐向集中化、机械化和自动化方向发展。60 年代起,出现了超级商业公司,控制零售商业网,通过百货商店、超级市场、自动售货机,以及各种形式的小店铺零售商品。现在商业已拥有现代化的营业手段,如包装机械、商用电子计算机、冷藏设备、电视监视系统等等。商业吸引着大批的青年,成为各种职业很有吸引力的职业。

办公室里的办事人员是另一个最近兴起的职业类,其就业人数超过其他白领工作者。办事人员不仅活动在非生产部门,也直接为现代化大生产服务,协助专业技术人员,协调各部门之间的发展与联系,收集文献资料,进行情报检索。电子计算机的应用,提高了工作效率,也对工作人员的素质提出了新的要求。

这两类职业比较适合妇女特点。在这两类职业的就业人员中,女性占的比例也比较高。

由于这两类职业的就业率比较高,商业和办公室工作教育也为社会所重视,是一种发展最广泛的职业教育。

美国教育总署把商业和办公室工作教育的教学计划分为 9 个领域:

1.会计与计算;

2.商业数据处理系统;

3.档案整理,办公室机器操作与办公室一般行政工作;

4.信息交流;

5.物资供应;

6.人事与人员培训;

7.速记与秘书工作;

8.监督与行政管理;

9.打字以及与打字有关的工作。

在这些领域中,近几年来发展得最迅速的是数据处理系统和文字处理系统。这两个系统都同计算机的应用有关。所以,这类教育中都要开设计算机导论,计算机数学,以及计算机程序等课程。

(四)销售服务

销售是沟通卖方和买方的一种商务工作。涉及的活动有:卖、买、运输、贮藏、推销,以及资金的筹措和管理等。销售人员在就业人员中的比重是逐年上升的。

销售教育是以培养销售人员为目的的。美国职业协会销售教育出版委员会认为,销售教育要达到三方面的具体目标:

第一,教育方面的目标,使青年掌握销售的知识和技能,使成年人提高技术水平。

第二,经济方面的目标,推动销售水平的提高。生活的高标准是以有效的销售和良好的服务态度为基础的。销售教育是为了满足上述要求。

第三，社会方面的目标，使青年了解社会责任，认识到每个人都有平等的权利和机会，可以通过良好的工作和负责的行为参与竞争。

经教育总署鉴定的销售教育有以下几种课程计划：

1.广告设计；

2.自动化；

3.财政与信用贷款；

4.花商；

5.食品销售；

6.食品服务；

7.杂货；

8.五金器具、建筑材料、农用器具；

9.家庭设备；

10.旅馆与住所；

11.工业供销；

12.保险；

13.国际贸易；

14.个人服务；

15.石油；

16.房地产；

17.娱乐和旅游；

18.运输。

各种课程计划都要注重能力的培养。销售方面的能力包括：供销能力；工艺方面的能力；社会交往能力；运用基本技术的能力以及经济方面的能力。

(五)卫生职业教育

医疗保健是美国社会服务业中的一个重要部门。它的发展速度在世界上居于领先地位。据统计,1951—1972 年美国医疗保健方面的就业人数的增长速度为 5.7%,高于其他国家。美国拥有现代化的医疗设备和先进的医疗技术。全科性的医护人员在减少,医护人员中的专门化程度在提高,而且分出了许多技术性的领域。

美国教育总署将卫生职业方面的教学计划分为 9 种:

1.牙科;

2.医学实验室工艺;

3.保育;

4.康复;

5.放射学;

6.眼科;

7.环境卫生;

8.心理卫生技术;

9.多种卫生职业教育。

卫生方面职业的专业性比较强,培训计划比较严格,所需的学习时间也比较长。

(六)家政教育

家政教育是美国最早设立的职业教育门类之一。历次通过的职业教育法案,都注意这种教育的发展,要求政府拨款予以资助。

家政教育包括着两个重要方面:

第一,不以谋求职业为目的,只是作为个人和家庭生活的一种准备。

第二,作为求职的准备。受过家政教育的学生可以担任的职业有:儿童的看护和照料;服装的经营、生产和服务;食品的经营、生产和服务;家庭保姆;家用设备的维修与服务等。

由于家庭生活涉及社会生活的各个方面,家政教育要与商业教育、卫生教育,以及销售教育等结合起来,开设多方面的课程。

家政教育一般包括 3 个组成部分:

1.课程；

2.有指导的设计；

3.关于家庭管理、家庭经济、家庭卫生、家庭关系、儿童的照料、营养、服装等方面的小组体验。

在这3个组成部分中，有指导的设计居于重要地位。要求学生创造性地去改善个人与家庭生活，既有利于个人生活，也可以利用所掌握的知识、技能到社会上去求职，成为雇佣劳动者。

(七)手工艺与工业教育

手工艺与工业教育也是一种最为古老的职业教育。许多职业教育法案都把发展这类教育放在突出的地位。手工艺与工业教育的目的是培养从事手工业和工业的半熟练工人或熟练工人。

由于手工艺和工业的门类繁多，手工艺和工业教育的课程计划也很多。据教育总署统计，有如下几十种之多。

1.空调设备；

2.器具修理；

3.汽车；

4.飞机制造；

5.商用机器的维修；

6.商业艺术；

7.商业渔场；

8.商业摄影；

9.建筑与维修；

10.保管；

11.内燃机力学；

12.制图；

13.电学；

14.电子学；

15.棉、麻、毛织品的修补服务；

16.领班、监督与管理;

17.绘画艺术;

18.原子能工业;

19.仪器、仪表的维修;

20.海运;

21.金工;

22.冶金;

23.个人服务;

24.塑料制品;

25.社会服务;

26.食品业;

27.冷藏;

28.小型发动机与内燃机的修理;

29.纺织品的生产与加工;

30.皮革的制作和使用;

31.装潢;

32.木工。

由此可见门类繁多之一斑。

(八)技术教育

工业化把技术员的培养提到了重要的位置。特别是在 20 世纪 50、60 年代新技术革命兴起以后,美国特别注意技术教育。国防教育法案投资资助技术教育的发展,特别注意尖端技术人才的培养。

接受技术教育一般需要有较高的文化科学基础知识。所以,技术教育一般都在高等学校里进行,由两年制的社区学院和 4 年制的本科来承担培养技术员的任务。

教育总署把技术教育的课程计划分为 6 类:

1.工程技术;

2.农业技术;

3.卫生技术；

4.办公室工作技术；

5.家政技术；

6.多种技术。

每个技术类的课程计划，都要开设一系列的专门化课程。除了课堂教学之外，还要有实验室作业，以及实际工作的体验。

(九)工艺教育

在1973年以前，工艺教育被划入普通教育的范畴。1973年12月，公法第93－318号才正式把工艺教育作为职业教育的一个门类，联邦政府也决定给予财政资助。

推进工艺教育有两个目的：第一，帮助受教育者有目的有意识地去选择职业；第二，为受教育者接受更高层次的职业教育打好基础。

工艺教育的课程计划，教育总署列了19种。

1.建筑；

2.手艺；

3.制图；

4.电学与电子学；

5.初等学校工艺；

6.普通工艺；

7.绘画艺术；

8.家用器具；

9.工艺数学；

10.工艺科学(应用化学)；

11.工艺科学(应用物理)；

12.工业材料与加工；

13.制造业；

14.塑料制品；

15.金属制品；

16.动力/自动机械；

17.研究与开发；

18.服务性工业；

19.木制品。

工艺教育,在联邦政府资助下,还在新设课程。在最近新增加的课程有运输、图像通讯、美国农业等,今后还将进一步扩充。

(十)实施职业教育的机构

美国职业教育的门类甚多,每个门类里又有不同层次。它们所需要的文化程度是不同的。表4可以反映各种职业与所受学校教育的程度的关系。

各级学校为了使它的毕业生能在毕业后找到相应的职业,就都要在学校内进行相应的职业教育。中学、学院和大学都在职业教育方面承担着责任。

此外,还要运用各种形式对在职的职工及失业人员进行职业教育。

表3 美国就业的性别、教育程度构成变化(％)

性别及职业	少年4年的高中			4年制高中			1—3年的大学			4年制或4年制以上的大学		
	1970年	1975年	1981年	1970年	1975年	1981年	1970年	1975年	1981年	1970年	1975年	1981年
男子总就业	42.3	28.9	21.4	30.7	35.4	35.7	11.6	14.8	17.5	15.4	20.9	25.4
其中:白领工人	18.0	9.5	6.8	28.4	28.2	25.1	18.9	20.2	20.6	34.7	42.1	47.6
蓝领工人	59.2	44.5	34.1	33.0	42.8	47.4	6.2	10.0	14.1	1.6	2.7	4.3
服务工人	58.8	42.5	32.8	30.1	38.9	37.5	8.5	13.6	20.6	2.6	5.3	9.0
农场人员	65.1	55.7	45.4	26.1	32.1	37.8	5,7	6.5	8.0	3.2	5.7	8.8
妇女总就业	37.8	25.6	17.6	39.3	45.0	45.6	11.4	13.9	18.0	11.4	15.6	18.8
其中:白领工人	19.2	10.7	6.7	45.7	47.8	44.8	16.5	18.1	22.1	18.6	23.5	26.3
蓝领工人	66.4	54.9	43.1	29.9	38.8	47.5	3.0	4.9	6.3	0.7	1.5	3.2
服务工人	63.4	49.6	37.5	30.4	41.1	47.0	5.1	7.4	12.0	1.1	2.0	3.5
农场人员	65.4	37.9	35.7	26.0	43.0	43.6	6.3	13.7	10.7	2.4	5.4	10.1

注:上述统计为25岁以及25岁以上的男女就业者,截止到下一年3月份的统计数字。

资料来源:《美国统计摘要:1982—1983年》第387页。

二、英国职业教育的管理体制

如前所述,英国的职业教育主要在中学之上、大学之下的继续教育阶段实施,因此,从一定的意义上来说,英国继续教育的管理体制基本上也代表了英国职业教育的管理体制,而实行中央、地区和地方三级管理,便是这个管理体制的基本特征。

(一)中央一级的管理机构及其职能

1.管理机构

在中央一级,最重要的管理机构是教育和科学部以及它的各种咨询机构。除此之外,还有一些有关的部门,它们是政府就业部及其"人力服务委员会"和政府的农渔食品部。

代表工商业和工会的中央机构有:英国产业联合会、英国工商教育协会、产业训练委员会、全国继续和高等教育教师协会。

全国性的继续教育考试机构和学位资格授予机构有:全国学位授予委员会、技术员教育协会、商业教育协会、伦敦市区成人教育协会和其他专业机构。

2.管理职能及实施

英国的教育和科学部主要致力于教育的大政方针,进行宏观管理,而高等和继续教育的宏观管理是其工作的主要方面之一。在这领域它设有3个相互独立的决策机构:第一机构主管整个高等教育规划和资助,这包括高级继续教育的规划和资助,它负责与地方教育当局协作、管理和控制好高级继续教育;此外,非高级继续教育的校舍建设和师资配备也属该机构负责。第二机构主管非高级继续教育和成人教育,负责为工业提供教育,并负责与就业训练、继续教育考试和青少年服务等工作建立联系。第三机构负责学生事务的决策,尤其是学位资格的授予。

教育和科学部对继续教育的控制和指导通常有以下几种途径与方法:①通过对地方教育当局的财政拨款来对继续教育施加影响;②通过

控制教育的发展速度、性质以及布局；③通过向某些专业学院的直接拨款；④通过颁发政府通告和行政管理条款来指导和影响继续教育。

另一个国家级重要咨询机构是"师资培训咨询委员会"的所属机构"继续教育师资培训分委员会"，它负责准备有关继续教育师资培训的提案。

(二)地区一级的管理机构及其职能

在地区一级，除地区咨询委员会外，对继续教育有影响的管理机构还有：地区经济计划委员会和地区考试委员会。

地区咨询委员会的主要功能在于：①定期对本地区继续教育实施情况进行检查，找出效率不高的原因，防止课程不必要的重复；②为各继续教育机构提供彼此交换意见的场所，为继续教育机构与工商界、政府机构(如"人力服务委员会")、本地区大学之间交换意见提供地方；③通过出版"指导手册"、公报、报告来使人们了解本地区可资利用的继续教育设施；④经常组织短期课程、会议和研讨会，鼓励和促进继续教育师资培训的发展；⑤组织考试和评估，颁发工艺性和操作性水平的证书。

此外，地区咨询委员会在继续教育课程审批中，起着非常重要的作用，各继续教育机构要开设高级课程须经过以下的审批程序：若是全日制课程，首先须征得所在地方教育当局的同意；其次提交地区咨询委员会的审批；再次送交教育和科学大臣审批，大臣在根据全国情况进行总体平衡后最终作出决策。若是部分时间制课程，那么地区咨询委员会就具有终审权。

(三)地方一级的管理机构及其职能

在地方一级，主要的管理机构是地方教育当局，通过其继续教育机构来满足当地工商业发展的需求。由于英国的继续教育经费除中央部分拨款外，很大一部分由地方教育当局负担，因此可以说在英国提供继续教育的主要责任是由地方教育当局承担的。目前英国共有 105 个地方教育当局。根据"1944 年教育法"，地方教育当局必须为本地区的继续教育提供充分的设施。为此,各地方教育当局都设立了主管继续教育的分委员会。教育的日常管理由首席教育官员负责,他配有高级行政管理助手,其中有一个高级助手主管继续教育。此外,地方教育当局还雇用了一些顾问、专家或地方督学,这些人向教师和当局就继续教育问题提供咨询。

英国的职业教育历史悠久,它的产生与发展始终与英国经济的发展紧密联系在一块;尤其是战后的迅速发展和积极变革,更是与战后英国发展科技、振兴经济、改善和加强英国在世界政治、经济中的地位密切相联,从而走出了一条独特的职业教育发展道路,这就是以发展继续教育、加强产业训练作为发展战后英国职业教育的主要渠道。长期以来这种基于本国实际的发展和完善,又形成了英国目前这种独特的职业教育体制,这就是以多层次、多形式、多品种的继续教育作为职业教育的主体,附之以普通教育为主、兼施中等职业教育和生计教育的中学教育、兼施高等专业技术教育的大学教育和企业的产业训练。这个弹性极强的职业教育体制,使个人职业、专业、技术的发展需求与本地区产业和经济的发展较和谐地得到结合,从而推动了整个英国产业和经济的发展。

但是这并不是说英国的职业教育是完美无缺的。如果我们把英国的职业教育置于国际比较之中,我们就不难发现一些问题。例如:尽管英国的继续教育很具特色,为英国职业教育的发展作出了重大贡献,但它毕竟是在16岁之后实施的。与其他发达国家相比,英国职业教育中的"迟到现象"就显而易见了。而这种"迟到现象"的存在,是与"早出人才、快出人才"的世界潮流格格不入的。这说明,英国的职业教育还有一些地方有待于进一步完善。

好在战后英国政府一直把完善职业教育体制作为其历次重大教育改革的主要内容之一,最近这次教改也不例外。针对中学阶段技术教育上的上述弱点,英国的"1987年教育改革法(草案)"开出了治病的良方——在英国中学体制中引入"城市技术学院"。

"城市技术学院"并非是一种学院,而是一种实实在在的"技术中学"。它强调技术、科学教育,重视"技术""科学"和"数学"学科,特别注重计算机使用与就业成功所必需的技术和经验。这类学校将成为"采用最好教育和管理实践""发展新思想"的模范学校。为此,学生将竞争入学。在管理上,政府将让这类中学独立于地方教育当局的控制,并在其办学经费上予以补助。这无疑是对60年代"中学综合化"运动的一种反动。英国政府在"综合"了20多年之后重新用设立这种新"技术中学"的方式来实际"分化"现行中学体制,并把这类中学置于自己的直接控制之下。很明显,政府的这一决策是为了加强英国中学阶段的职业教育,在中学阶段给学生更多的选择。尽早尽快地发现和培养科学技术人才,以推动英国科学技术的发展和经济的复兴。

三、日本职业教育立法与行政管理

第二次世界大战后,日本进行了第二次教育改革。这次改革是根据美国教育使节团的建议,本着"教育机会均等"的原则进行的,其内容涉及到学校制度、社会教育,以及教育观念、内容、方法、行政、财政等各个方面。但其中最重要的改革,是学校制度的改革,即确立了"六、三、三、四"单轨制的学校教育制度,实施九年义务教育。因此,战后教育改革也被称为"六、三教育"。这种新的学校体系是仿照美国的学制,根据给予全体国民均等地接受学校教育机会的原则制定的,其本质是改变原来以单一的小学为基础,在此之上分别建立中学、高专、大学等复杂的体系,代之以单线型的体系。

这次教育改革,很快就被付诸实施了:1947年建立新制小学和初中,1948年建立新制高中,1949年建立新制大学,从而使日本的学校体系开始由小学、初中、高中和大学这四个阶段所组成。其概要如下:

(1)小学所进行的教育:《学校教育法》第17条规定:"小学以适应儿童的身心发展,实施初等普通教育为目的。"为了实现这个目的,规定了若干必须努力实现的目标。

（2）初中所进行的教育：初中的教育目的是："在小学教育的基础上，适应学生的身心发展情况，实施中等普通教育。"为了实现这个目的，规定了一些必须努力实现的目标，其中之一为："培养学生具有某种社会职业方面的基础知识和基本技能、良好的劳动态度，以及根据自己的个性选择将来道路的能力。"因此，初中开设了职业科，设置了农业、商业、水产、工业、家政等科目。

（3）高中所进行的教育：高中的教育目的是，"在初中教育的基础上，适应学生的身心发展情况，实施高等普通教育和专门教育。"为了实现这个目的，规定了一些必须努力实现的目标，其中之一为："培养学生具有一种必须完成社会使命的觉悟，使之能够根据自己的个性决定将来的道路，提高一般教养水平，掌握某种专门技能。"

在战后教育改革中，过去的旧制中等学校都被改为新制高中，新制高中又实行了"学区制""男女同校""综合制"的三原则，这样，致使单科职业高中减少，综合高中增多了。

（4）大学所进行的教育：大学的教育目的是，"作为学术中心，在教授广博知识的同时，教授和研究精深的专门科学及艺术，并发展才智、道德以及应用能力。"为此，在有关职业方面的学部、学科中进行职业性的专门教育。

由上可见，经过这次教育改革，中等教育结构发生了重大变化，即战前的中学校、高等女校、实业学校、青年学校等正规的中等学校一律改组成统一的高中。而且，在高中阶段制定了"学区制""男女同校""综合制"三原则，从而不可避免地对职业教育产生了一定的影响。

（一）职业教育的立法

1.制定产业教育振兴法

如前所述，由于日本在高中阶段制定了"学区制""男女同校""综合制"三原则，全国各地都对高中进行了合并，从而使综合高中增多，职业高中减少，而且，职业科的入学者随之减少，读普通科的人却增多了。另外,由于战争、征用、疏散等原因,职业教育用的设施设备大部分都荒废了,战后的补充也很困难。尤其是基于1894年制定的"实业教育费国库补助法"实行的国家补助,随着税制改革,从1950年开始停止了。因而,职业教育处于很不兴旺的状态。

对此,社会上的反响是很强烈的,其中产业界要求振兴职业教育的呼声最大。例如,1949年的《朝日新闻》刊登了一篇题为"轻视职业教育的潮流"的社论,其主要内容如下:"战前,我国偏重职业教育而忽视普通教育,产生了很多弊病,但新学制又恰恰相反,轻视职业教育而偏重普通教育。结果,使初中成了高中的预备校,高中成了大学的预备校,除了少数能升入大学的人以外,其他人没有受到新学制的恩典……新制高中建立以来,农工商的旧制中学,以综合高中的名义进行普通教育,但是,这种学校的大多数毕业生又必须作为职业人员直接参加经济建设,这是令人遗憾的。特别值得注意的是,为使劳动青年能够边劳动边学习而设立的定时制高中,理应进行以生产技术为中心的职业教育,但新学制建立以来,其教学效果也很不理想。明年将要成立的短期大学以进行职业方面必要的专门教育为目标,是很好的,但作为其基础的高中轻视职业教育是十分严重的问题。因此,当务之急是充实高中的职业教育。无论如何也要改变目前这种轻视职业教育的潮流,否则就不会产生复兴经济所需要的骨干技术人员。"这种舆论反映了各界特别是财界和产业界要求振兴职业教育的呼声。

1950年美国发动侵朝战争后,日本经济借机得到了一定的恢复和发展,从而对职业教育的发展提出了更迫切的要求,产业界多次提出建议,希望培养出更多的有能力的劳动者,特别希望学校教育培养出大批一走上工作岗位马上就能发挥作用的熟练工人。

在这种情况下,日本政府不得不考虑扭转职业教育不适应经济发展需要的局面了。经过一系列讨论研究,他们认识到,为了振兴职业教育,首先要制定一个法律,以代替战前的"实业教育费国库补助法"。这样,以日本的农业、工业、商业、水产等各高中校长为中心的一些职业教育有关人士，在 1950 年 12 月组成了一个"制定职业教育法促进委员会"，展开了促进职业教育法制化的全国性运动。其结果，1951 年 3 月产业教育振兴法案作为议员立案被提了出来，同年 6 月 6 日在第 10 次国会通过，6 月 11 日以第 228 号法律公布了"产业教育振兴法"。

产业教育振兴法由三章构成，第一章为总则，规定了本法的目的，明确了职业教育的定义，以及有关振兴职业教育的国家的任务。第二章为产业教育审议会，规定了中央及地方产业教育审议会的设置、组织、权限、专门委员等事项。第三章为财政援助，这是该法的中心内容，规定了公立学校和私立学校的财政援助问题。

产业教育振兴法制定后的第二年，根据此法进行的国家补助事业等就开始实施了。依靠国家的补助金，职业教育进行实验、实习所必须的设施设备逐步得到了充实。另外，根据此法成立的中央产业教育审议会，就职业教育设施设备的基准和制定职业教育的综合计划等，提出了咨询报告和建议，而且逐步实行。总之，这一法律的制定，给职业教育界带来了一股生气，使职业教育逐步得到了振兴。这一法律的执行，主要引起了以下几方面的变化：

（1）充实了职业高中的物质条件。1952 年职业高中的设备完备率是 20％～40％，5 年之后的 1957 年则达到了 60％～80％。

（2）实施了职业教育研究指定校制度。从 1952 年至 1957 年，每年指定十几所或二十几所学校，来研究工业教育或商业教育当前面临的问题，谋求解决的根本方法。这项制度在 1957 年曾一度停止，但后来考虑到效果较好，因而从 1965 年起再度恢复。

（3）确立了国内进修制度。即给工业科教员到大学或研究所学习新技术的机会，使持有工业科教员许可证的普通高中或初中的教师，可以通过进修转到工业高中去，以补充工业高中教员的不足。这项制度适应了工业技术日新月异和工业高中急剧增加的需要。

（4）为学生少的工业科发行了教科书。工业学科的种类很多，但有些学科的学生人数较少，由于过去不给这些学科发行文部省审定的教科书，教师在指导上比较困难。根据产业教育振兴法，对这类教科书的发行制定了特别措施，从1952年开始，把它作为文部省的教科书，每年编修发行数册。

（5）制作了工业教育用的影片。利用视听觉教材进行工业教育，效果较好。但过去这方面的设备几乎没有，从1961年开始，在企业的协助下制作了一些这类影片。

2.制定职业训练法

战前，日本的职业训练，一般来说，以中小企业对于徒弟制进行的非组织化的技能传授为典型。但是，从明治初年开始，有组织的职业训练活动，在国家倡导下，已经开始进行了。这种职业训练，模仿先进国的职业训练方法，对职工进行为实现现代机械产业所必需的技能训练。但这种训练只限于官办工厂，以后也只是在大企业中进行。

后来，由于急需提高教育水平，以使工人掌握技术以及作为其保证的一般性知识，从而使学校与企业的职业教育与训练得到了一定的振兴。但这二者是分别进行的，互相间没有联系，也就是说，职业教育与训练不属于同一个系统。

战后的职业训练是在1946年制定的劳动标准法颁布后开始进行的。劳动标准法中设有技工培养一章，对以学习掌握技术为目的的工人的保护和培养作了规定。其主要目的在于禁止使用者滥用徒弟，以法律的形式使长期培养技工的方法、培养期限、教学方法、使用者的资格、劳动时间、工资等合理化，此外，还谋求培养契约公正化；规定培养期限；使之有义务规定教学事项、教学时间，进而根据教学的进度起码每年要进行一次技术鉴定，并使决定技术等级一事义务化。

作为制定职业训练法基础的除了上面的技工培养以外，还有当时的职业辅导。1947 年,日本制定了"职业安定法",从而使各都道府县在国家的指导监督下,设置了公共职业辅导所。1951 年以后,职业辅导事业逐步摆脱了原来的失业对策,将主要力量放在了技工培养上。而且,辅导种类也增设了与现代产业的机械工业有关的职业,大幅度削减了建筑、木工方面的职业,并将训练时间延长到 6 个月至 1 年。

劳动省适应形势的发展以及各界的要求,于 1957 年 1 月 17 日在大臣官房设置了职业训练审议会,开始调查国内外的职业训练制度、收集资料等,并计划确立新的综合性职业训练制度。同年 8 月 27 日,在劳动省内又设置了由 15 位专家学者组成的临时职业训练制度审议会。同年 9 月 12 日,劳动大臣向此审议会提出了"贵会关于在新的产业及雇佣形式下,有关确立职业训练制度问题的意见"的咨询。对此,该审议会在 12 月 6 日向劳动大臣提出了"关于确立职业训练制度的咨询报告",其主要内容是如何推动政府进行的职业训练;振兴企业内的职业训练;创立技能检定制度等,特别强调了为振兴职业训练而制定法律是当务之急。

这个咨询报告发表后,劳动省以此为基础,制定了职业训练法草案,并在第 28 次国会上提了出来,经过众议院、参议院的修改后,《职业训练法》就被确定了下来。这样,1958 年 5 月 2 日,日本颁布了《职业训练法》,同年 7 月 1 日开始实施。

《职业训练法》的制定,统一了历来的技工培训制度和职业辅导制度,对技术检定制度作出了新的规定。这一法律由七章组成:即"总则""公共职业训练""企业内职业训练""职业训练指导员""技能检定""职业训练审议会""杂则"。其概要如下:

(1)职业训练法的目的、职业训练的原则及计划

这一法律的目的是为了让职工学习必要的技能以及提高他们的技能水平,进行职业训练和技能检定,从而为工业及其他产业培训急需的技能者,谋求职业的安定与提高工人的地位,使之对经济发展作出贡献。

这一法律规定,职业训练分为公共职业训练与企业内职业训练两种。公共职业训练在一般职业训练所、综合职业训练所、中央职业训练所、身体障碍者职业训练所等公共设施中进行。

另外,在根据雇用、失业情况及工业和其他产业的发展情况,适当地培训技能者的同时,劳动大臣要制订有关实施职业训练的基本计划,都道府县知事要制订该区域内有关实施职业训练的基本计划。

(2)公共职业训练

实施公共职业训练的一般职业训练所、综合职业训练所、中央职业训练所、身心障碍者职业训练所等,主要是由都道府县和雇用促进事业团设立的。

一般职业训练所,对求职者进行基础性技能训练,由都道府县设置经营。

综合职业训练所,对雇用工人及求职者进行专门性技能的职业训练,是由雇用促进事业团作为失业保险设施而设置经营的。

中央职业训练所,主要对职业训练进行调查研究以及培训职业训练指导员,由雇用促进事业团作为失业保险设施而设置经营。

身心障碍者职业训练所,以身体有残疾者为对象,适应其能力进行职业训练,由国家或都道府县设置,但国家设置的也委托都道府县经营。

(3)企业内职业训练

在企业主对其职工所进行的职业训练中,如果所设学科、训练期限、设备以及其他事项都符合劳动省令规定的标准,都道府县知事就可以根据其申请进行认定,即国家对符合标准的企业加以承认,并给这些企业的利用设施、派遣职业训练指导员、提供教科书、教材以及其他职业训练所需要的资料等各种帮助。劳动省令规定的学科种类有金属、电气、化学、纺织、木材加工、工艺等185种。以机械工为例,训练期为3年,教程由专业知识和实际技术组成,专业训练3年中有5400小时,其中普通学科有 980 小时。

（4）职业训练指导员

职业训练指导员采取资格制,即只有职业训练指导员考试的合格者、1 级技能检定的合格者提出申请,得到劳动大臣的许可后才能充当。

（5）技能鉴定

技能鉴定是通过实际技术和专业知识的考试,来检查工人的技能水平是否合格,合格者称为技能士。技能检定分为 1 级和 2 级。

（6）职业训练审议会

为了制订职业训练计划、职业训练标准以及调查审议有关职业训练及技能检定等重要事项,设置中央和都道府县两级职业训练审议会。

3.修订职业训练法

60 年代末,日本对 1958 年制定的《职业训练法》又作了全面的修订。其原因主要是,进入 60 年代后,池田内阁制订了"国民收入倍增计划",从而引起了投资的持续性增大,劳动力的流动,以及产业结构的变化;特别是由于国民收入的提高,使就业的初中毕业生激减,而高中毕业生激增,即劳动市场的结构发生了变化。为此,要求改革 1958 年的职业训练法的体制。在这种情况下,日本以 1967 年开始着手对"职业训练法"进行修订,准备制定与"劳动经济的变化以及技术革新的进展"相适应的职业训练制度,经过反复的研究讨论,于 1969 年 7 月公布了修订后的职业训练法,同年 10 月开始全面实施。

修订后的职业训练法由 9 章 108 条组成。

这次职业训练法修订的要点是:把企业内培训机构和社会上的职业训练所的培训标准统一起来;另外,为了有阶段性地整顿职业训练,将其种类分为养成训练、提高训练、能力再开发训练、指导员训练等;还扩充了公共职业训练设施的业务内容;原来都道府县知事的认可制度只限于养成训练方面,而这次将它扩大到一切职业训练中,同时还决定公共职业训练设施从各方面对得到认可的职业训练进行援助。

随着形势的发展,日本于 1978 年又一次修订了《职业训练法》,从而产生了现行的职业训练法。现行职业训练法强调重视企业进行的职业训练,明确了公共职业训练与企业内职业训练各自的任务等,从而建立了一套适应日本条件的比较完善的职业训练体系。

(二)职业教育的行政管理

日本职业教育的领导管理体系是多元化的。一部分是由文部省领导管理,即各级学校内的职业教育,其主要形式有属于中等职业教育阶段的职业科高中、专修学校,还有属于高等教育范畴的短期大学和高等专科学校等。一部分由相关的省领导管理,如农业大学校就是由农林省主管的,还有一部分是由劳动省领导管理的,这主要是公共职业训练和企业内职业训练。所谓公共职业训练是指国家和地方举办的职业训练学校和训练中心,对职业训练指导员、要求就业的青年学生、在业职工和失业人员进行就业前后的培训。所谓企业内职业训练是指企业举办的训练学校和训练中心,对本企业职工进行培训。劳动省对企业内职业训练采取扶助和奖励的政策,鼓励企业开展职业训练,对工作认真并符合劳动省规定标准,但经济有困难者,在经费和设备上给予补助,国家补助1/3,地方补助 1/3。对企业派遣工人到训练设施接受训练的,每派一名每月奖给 32500～43250 日元,以 100 天为限。对企业建立培训设施,购置培训设备时给予贷款,中小企业贷款所需金额最高为 90%,大企业最高为 80%。

就劳动省领导管理的职业训练而言,其管理机构大体分为 3 个方面:①劳动省设有职业训练局,是职业训练的专设机构,下设管理课、训练政策课、指导课、技能鉴定课和海外技术协作室等。主要任务是根据《职业训练法》,制订贯彻训练计划和具体的方针、政策、法令,编制经费预算,审订教材,组织和指导技术考核,调查研究,指导地方及所属事业团体和企业的职业训练工作,以及对外国进行技术合作。劳动省还设有中央职业训练审议会,是个常设的咨询机构,对有关计划、法令、政策及其他重大事项进行调查、审议,并提出意见。②劳动省所属的事业团体,其中有雇用促进事业团,具体经营职业训练大学校、技能开发中心和高等职业训练设施;中央职业能力开发协会,具体负责技能鉴定和中小企业职业训练的指导工作;残疾人雇用促进协会,主要负责对残疾人的职业训练。③地方政府劳动部门均设有职业训练机构,包括各级附属事业团体,如职业能力开发协会和职业训练审议会等,在劳动省的领导下管理当地的职业训练事宜。

日本劳动省通过上述机构对全国的职业训练进行领导和管理,对于公共职业训练委托所属事业团体,对于地方政府经营各种职业训练校和训练中心予以指导。

第三章　学校中的职业教育

一、美国学校中的职业教育

(一)中等学校的职业教育

1.实施机构及其任务

中等教育有多方面的职能：进行普通教育；为毕业生的升学作准备；为毕业生的就业作准备。这几种职能是设立不同的学校去完成还是只设立一种学校完成多种职能，一直是一个世界性的争论问题。美国是主张实行单轨制的，首创了"综合中学"，集几种职能于一身，既进行普通教育也进行职业教育。现在"综合中学"是美国中等学校的基本形式。同时，还存在着一部分主要进行职业教育的中等职业学校和中等技术学校，但为数不多。

(1)综合中学

早在1918年，大力提倡职业教育的时候，全国教育协会成立的中等教育改组委员会在它所写的报告中要求建立包括多种教学计划的综合制中学。这些教学计划又都受7种教育目的的指导：健康、应用基本学识的能力、有价值的家庭成员、职业能力、公民权利、有价值地利用闲暇时间、合乎伦理的品格。

50年代，又有学者解释综合中学的"综合"的含义，认为综合中学要为所有学生提供普通教育；为毕业后作为劳动力的那些学生提供扎实的非学术性课程；为需要升入学院深造的学生提供学术性课程。

综合中学要使学生掌握哪些技能，也是一直在讨论的问题。詹姆斯S.科尔曼的回答是带有总结性的。他建议学校要考虑使学生掌握如下技能：

1)智能,这是学校教育教得最好的。

2)一些中学毕业生可能具备的职业技能,这样,每个 18 岁的中学毕业生,不管是否继续上学,都能派他们去从事某种职业。

3)做出决断的技能,即在复杂的情况下,做出必然产生重要后果的决断技能。

4)一般的物理和机械方面的技能,使年轻人能够处理工作之外、家中或其他地方遇到的物理和机械方面的问题。

5)官僚政治和组织技能,即作为一名雇员、顾客、诉讼委托人或作为管理者或企业家,如何应付官僚机构。

6)照顾不能自立者的技能,即照顾儿童、老人、病人的技能。

7)应急的技能,即如何在紧急或陌生的情况下,有充足的时间处理紧急情况。

8)在辩论及争论时的口头表达技能。

由上述所引的材料中可以看出,综合中学是美国在中等教育阶段进行职业教育的主要机构,但职业教育仅仅是综合中学所要完成的一项任务,而不是它的主要任务,更不是它的全部任务。

(2)职业技术中学

除综合中学外,美国还设有工业技术学校、技术中学、手工艺和工业学校,以及商业学校等,统称之为职业技术中学。它以培养半熟练工人、熟练工人和中初级专业技术人员为目标。学制大多为 4 年。

这类学校有明确的指向性,开设的课程以专门性的职业技术课程为主,也有一部分属于普通教育范围的课程。

这类学校注重实际的职业技能的训练,强调生产实习,在一些学校里生产实习要用一半的教学时间。

(3)地区职业教育中心

地区职业教育中心是一种集中的服务站。它接纳一个地区里的若干学校的学生。一般的做法是,用汽车把一部分学生接到中心,进行半天的职业技术培训,培训结束再把学生送回所在的学校;然后,再把另一部分学生接到中心,利用另外的半天时间进行培训。这些中心,一般只教职业的技能和理论。学生所在的学校,负责进行所有的普通教育课程和与职业教育有关科目的教学。

例如,洛雷恩县的职业教育中心,与全县的16所综合中学联系,设有5类职业教育课程,让学生学习木工、美容、空调设备、汽车修理、管道安装、打字、速记、数据处理、儿童照料等课程。

地区职业教育中心的建立有助于中等职业教育质量的提高。开展中等职业教育的最大困难是训练设施的不足和陈旧,缺乏职业技术科的教师。这些困难同学校的经费不足有关。现在集中一个地区的财力重点装备一个中心,就可以较好地改善训练设施。将有限的职业教育方面的师资适当集中,也有助于建立一支学科齐全,力量较强的师资队伍。由于一个中心为多所学校服务,师资和设备都可以得到充分的使用。学生可以在中心得到较为充分和高质量的职业教育。

2.职业教育的教学

(1)职业教育的安排

美国的中学有多种学制。一般是初中3年,高中3年,共6年。有的实行4年制中学,同8年制的小学相衔接。也有的实行8年制,初中4年,高中4年。

职业教育一般都安排在高中阶段,从高一年级起开始进行职业教育。也有少数学校从初三开始就开设职业教育方面的课程。

高中阶段,职业教育的课程与普通教育的课程,一般为1:1。加利福尼亚州伯克利中学(4年制高中)规定,学生毕业时必须获得200个学分,其中102.5的学分为普通教育课程的学分,余下的97.5个学分是学术性课程或职业技术性课程的学分。

(2)中学职业教育的门类

中学进行的职业教育是很广泛的。本章第二节中所列的8类职业教育,除技术教育类一般在大学进行外,其余的 7 类都可在中等学校里开设。

美国中学里一般都要进行几类的职业教育,以适应学生的不同需要。

(3)职业教育课程的配置

为了使学生熟悉和掌握某一类的职业知识和技能,学校要围绕这一类的职业教育的目的,开设一系列的课程。开设哪些课程各校可能是不完全一样的。

奥马哈中学为了进行农业教育为学生开设了下列课程:①为全体学生开设职业探索课、经济学、畜牧、畜牧产品的加工等一般课程,使学生认识农业的作用。②为准备从事非农场工作的农业工作人员开设专门课程。③为高三学生开设农业科学方面的专业课程。④组织学生研究如何解决调节农业季节工作的问题。

另一所 4 年制的中学也是进行农业教育。他为一、二年级学生开设植物学、动物学、土壤学、农业机械等;为三四年级学生开设林业学、观赏园艺、农业机械学等专门化课程,此外,还开设商业教育、销售教育和手工艺教育方面的课程。

商业和办公室工作教育也是中学普遍设立的一种职业教育。一般中学在进行商业和办公室工作教育时开设两类课程。一类是基础课程,如商业导论、基础商业、商业法、经济学、经济地理和消费者问题等;另一类是训练专业知识技能的课程,如打字、簿记、会计、速记、办公室机器操作、办公室工作训练等。

中学设置的职业教育的课程繁多,有的学校要多达一二百门。课程的开设主要强调满足学生的不同需要,同时,也考虑到社会的需要。学生可以自由选择。

课程的安排从学生的年龄特点出发,在低年级是入门性质的,教给基本知识,到高年级才进入比较专门的训练。

(4)职业教育的教学特点

职业教育的教学不同于普通教育科目的教学,教学上自有其特色的。首先,职业教育注重实际技能的掌握。学习木工的要会选材,能设计木器的式样,还要能熟练地掌握锯、刨、凿眼、接榫等操作技能。学商业的要懂簿记、会计,能做账、核算成本,能接待顾客等。学生的实际操作水平往往成为评价职业教育水准的重要指标。

要使学生掌握实际的操作技能,就必须有供实习用的实习场所。美国中学一般都设有供学习烹调用的厨房、木工车间、金工车间、电工车间、汽车修理房、绘图室、美术、工艺室等。在这类实习场所有常用的工具及检测仪器,学生可以在这里实际操作。

实习场所都设有实习指导教师。有的是由普通学科的教师兼任,有的则聘用曾在生产部门工作过的工人和技术人员。他们应当懂得生产原理,又有实际经验,能动手操作,还会教学。

在学习职业技能时,学生之间的个别差异比较明显。所以,在教学时特别强调个别指导。指导教师除了集体性的讲授一般原理,作示范以外,主要是在实习车间里巡视,观察学生的操作,针对操作中存在的问题,再作讲解、示范,帮助学生纠正错误,提高工作效率。

中学进行职业教育,还经常采用合作教育的方式。由学校和社会上的企事业单位合作,共同制订工读计划,共同对学生实施职业教育。

中学的合作教育始于 20 世纪初。1963 年职业教育法案,规定设置新的合作教育课程计划,并规定联邦政府应资助中学的合作教育。以后,合作教育计划有很大的发展。

各类工读课程计划的课程都由两个主要部分组成,即在校的学习与在工作岗位上的教学。在校的教学包括两个组成部分:一部分包括有关普通知识与学术性知识方面的各种教学单元;另一部分是与学生的职业直接有关的各种教学单元,如:如何寻找职业、雇员的职责、良好的劳动习惯、社会保险、收入税法,以及与同事、顾客等人员打交道的本领。在工作岗位上的教学的目的是帮助学生学会他将从事的职业,发展学生的职业能力。

教学安排一般采用工作与学习交替进行的制度。在中学,交替的周期比较短。学生半天学习,半天工作,多数学校安排学生上午在校学习,下午在工作岗位上工作。在工作岗位不足时,只能实行两组制。一组上午在校学习,下午上岗劳动;另一组上午在岗位上工作,下午再回学校学习。

工读计划主要由教师(通常称为教师协调人)与学生工作岗位上的管理员管理。教师协调人要尽量使学校的教学与学生参加的工作有机地结合起来,形成统一的整体。教师协调人负有两方面的责任:在学校要培养学生良好的工作习惯,教育学生适应职业的需要,与工人和睦相处,以及进行技能教学等;在工作单位要帮助雇主理解工读课程计划的目的与实施的办法,并对学生进行监督与指导,经常与雇主们商讨学生的进步与存在的问题。学生工作岗位上的管理员由雇主指派,其职责是使学生适应工作岗位,教会学生安全操作,协助教师协调人确定学生就业前应学会的知识技能,并与教师协调人一起评定学生的成绩。经验表明,教师协调人的水平和工作是决定工读课程计划成败的关键。

这类计划的管理方式还有学生协定、合作训练协定与雇主对学生成绩评定单。学生协定,注明工作岗位的情况,规定学生雇员的职责。学生协定需由学生和家长共同签名,以示郑重。合作训练协定,明确学生在工作岗位上所做的事情,学生在学校课程计划与总的课程计划中的责任。合作训练协定需由学生、雇主、教师协调人与家长共同签名,明确各自在课程计划中的职责。雇主对学生的成绩评定单,要对学生的行为特征,如工作态度、兴趣爱好、工作适应性、学习能力、工作的质量与数量、出勤情况、纪律情况、积极性、判断力等作出评定。

这种工读课程计划有它的优点,可以使学生学到理论与实际相结合的职业知识和技能。也为探索毕业后的就业方向提供了条件。家境贫寒的学生还可以从中得到经济补贴,保证继续学习。

3.职业指导

美国中学不仅对学生进行职业教育,培养毕业后就业所需要的知识和技能,同时,在中学里还进行职业指导,帮助学生了解社会上的就业情况,然后根据自己的能力、兴趣和特长,选择就业的方向。职业指导同职业教育是紧密结合着的,对毕业生的就业有着很深的影响。

职业指导,按照美国职业指导协会的解释,它"是帮助学生选择职业的过程,是为就业作准备的过程,也是在任职中求得发展的过程"。

(1)职业指导的意义和作用

职业指导始于20世纪初。当时,美国的社会矛盾非常尖锐,工人失业,青年无法就业。为了缓和矛盾,一些"社会改革者"开始从事职业指导方面的工作,以帮助青年就业。

职业指导在中学里广泛地开展起来,并使之成为一项经常性的系统工作,是有其特定背景的。据美国研究职业指导历史的专家分析,中学发展职业指导有6方面的原因:①工业化以后,劳动场所同家庭分离,青年人已不能从父母那里学到必要的劳动技能,也得不到劳动世界的信息。②劳动世界日益复杂,就业门路扩展了。③许多人因训练不当而在就业时发生困难。④在日益专门化的社会里,没有一定的训练,很难找到适当的职业。⑤中等教育已不再是为少数学生升大学作准备的机构,同时要为青年的就业服务。⑥在民主社会里,每个人都应有自由选择职业的权利,并通过努力得到满意的职业,从而为社会作出更大的贡献。这样的分析是中肯的。

在现代社会里,中学生要选择一个合适的职业,并在毕业前作好就业的必要准备,必须要依靠中学教育。中学有责任对青年的升学或就业作好恰当的指导。

(2)职业指导人员的职责及其任职条件

美国中学里都聘请若干名指导人员(有的称为咨询人员)。他们是从事指导、咨询工作的专业人员。职业指导只是他们的一项工作,此外还进行学业指导和生活指导。为了增进对学生的了解,指导人员也兼任一部分其他学科的教学工作,但以指导工作为主业。

指导人员在职业指导方面的职责,有如下几项:

1)定向:登记与安排新生,为新生计划定向活动,并与教师讨论学生的定向问题。

2)管理学生资料:通过教师与行政人员收集有关学生的资料并将学生的测验成绩分档整理;保管学生的人事记录;学生毕业时,检查毕业生的学分与大学入学条件是否相符。

3)咨询:当学生有问题时,向学生提供会谈的机会;为学业不及格的学生提供咨询;就教育与职业计划为学生提供咨询。

4)提供信息:向学生提供有关职业、社区工作分配办法等方面的信息,以及大学的招生信息。

5)安置:帮助学生寻找职位。

6)追踪研究:对毕业生和退学学生进行追踪研究,从而调整新的指导计划。

7)其他方面的服务:如组织职业日,安排各种会议,各种测试等。

由于职业指导工作已是学校的重要工作,对指导人员的素质也提出了很高的要求。指导人员应具有心理学、经济学、社会学、教育理论等学科的丰富知识,掌握咨询技术,具有从事咨询工作的职业道德,并能热心地帮助学生。这类人员一般应是本科毕业生,再接受相当于硕士学位的咨询专业训练。

(二)大学和学院的职业教育

大学和学院在职业教育体系中的地位

(1)大学和学院负有培养高层次的技术人员的任务

技术人员一词没有明确的定义。一般可按其操作技能和技术水平分为几类:①半熟练工人;②熟练工人;③技术员;④专家。前两类属于蓝领工人的范围,后两类属于白领工人的范围。前两类一般是由中等学校培养的,后两类人员要有较高的文化素质,其中相当多的人都接受过高等教育。据美国1981年的统计,男性的白领工人中68.2%,女性白领工人中的 48.4%，都受过 1 年以上的高等教育。不属于白领工人和蓝领工人的服务人员(从事社会服务、食品业服务、保健服务和家庭佣工的人员)中也有相当多的人具有高等教育的文化水平,1981 年统计,在男性中占 29.6%,女性中占 15.5%。

大学和学院负有培养专业技术人员、计算机专家、科研工作者、社会学者、保健师、律师和法官、会计师、企事业的经营和管理人员、从事服务工作的高级人员、农场的经理和工头等人员的责任。

学生升学的目的,近几十年里也有明显的变化,为谋求职业而升学的意向日益强烈。下表是卡内基基金会在 1969、1976、1984 年三次调查之后得出的数据。

表 5　1969、1976、1984 年本科生对学院教育
的"主要"成果是什么的看法(%)

学院成果	1969 年	1976 年	1984 年	1969 年—1984 年
学会与人相处	76	69	65	－11
形成价值观和个人生活目标	71	63	63	－8
掌握某种专业领域的详尽知识	62	68	70	＋8
掌握某种职业而接受训练和获得技能	59	64	73	＋14
全面的普通教育	57	58	60	＋3

资料来源:卡内基教学促进基金会,1969、1976、1984 年对本科生进行的全国性调查。

从上表上可以看出现代大学生中绝大多数人升学的目的是为了"掌握某种职业而接受训练和获得技能",其次是希望通过学习"掌握某种专业领域的详尽知识"。

社会的需要,学生的愿望,都要求大学和学院负起职业教育的任务,为学生毕业后的就业作好准备。

(2)大学和学院还要承担社会上职业教育的任务

在新技术革命推动下,各企业、事业单位的技术更新的速度加快。企业为了保持和发展技术优势要求职工不断更新知识和技能,加强了职

业教育,需要高等学校的支持和帮助。

据了解,美国的失业现象严重,造成了很大的社会压力。培训和安置失业人员是社会关心的问题。在这方面,高等学校也负有责任。

现在,这两项任务已成为高等学校工作的组成部分。高等学校在这方面的工作,我们将在本章的第五节作介绍。本节仅涉及高等学校第一方面的任务。

(三)大学的职业教育

这里要讨论的是大学和专门学院里的4年制大学本科生的职业教育问题。在一般人的观念里,大学是一个学术机构,与职业教育无关。其实,在大学里要不要进行职业教育一直是一个有争议的题目。现在美国的大学深受职业教育的冲击,如何对待这种冲击,怎样办好大学一直是人们关心的问题。

(1)职业教育在大学中的地位

美国最早的大学是按照欧洲模式建立起来的。它把学术性放在最神圣的地位。学生入学以后,学习古典语言、逻辑学、修辞学、伦理学、政治学和神学等课程,根本不学自然科学和技术,当时这是天经地义的。学习这些学科的目标是训练头脑,以为只要通过这样的训练,毕业生就可以顺利地进入有声望的职业领域——神职、商业、医学、法学和当公民领袖。

这种传统在19世纪就受到了冲击。当时美国处于迅速扩大的时期。社会上强调个性的思想冲击着学校,蓬勃发展的建设事业刺激着学校,一些出身于特权较少的家庭的青年进大学是为了谋求理想职业。在这种形势下,少数学院宣称要培养铁路建筑者、桥梁建筑者以及其他各类建造者,大胆地开设了应用性的技术学院。

对这种传统给予沉重打击的是1862年的摩雷尔法案,是它把高等教育与实用技术结合起来,使功利主义在大学里盛行起来。1869年以后,最著名的哈佛大学结束了必修的古典课程,逐步允许学生自由选修,1879年时只有一年级的一门修辞学是必修的。

19世纪末,美国工商界的领袖参加了反对古典教育的行列,抨击本科生理论教学与实际脱离的弊端,要求开设具有实用意义的科学技术课程。

20世纪以来,美国大学的课程是开放的,为不断增加的各种各样的就业机会服务,这样就使美国形同了一个新的传统,强调个性、个人利益和教育的实用性。职业教育成了大学教育的一个组成部分。

(2)在高等教育中强调职业教育所造成的冲击

强调教育的实用性,强调高等教育要为学生的就业服务,是20世纪美国大学教育发展的趋势,它既带来了积极的后果,使高等教育成了推动经济与社会发展的有力工具,同时也带来了消极的影响。

目前美国高等教育存在的问题:

1)高等教育受劳动力市场需求的影响,出现了大力发展商业学科,使代表大学学术水平的文理学科处于萎缩的状态。

据统计,在1968—1986年间,本科全部学科中学士学位授予的比重已有明显变化。工商管理学科由原来的13%提高到了24%,增加了11%。而同时,社会科学由19%降到了10%,减了9%;自然科学由3%减到2%,减了1%。最为严重的是教育,原来是21%,现在是10%,减了11%。在学科结构方面发生了严重的倾斜现象。

2)受职业发展的影响,大学不断增设专业。据统计,美国的大学和学院现有1100个专业,同时还把原有的专业越分越细。例如东海岸一个大学1965年时只有一个林学专业。1975年,这个系已成为林业学院,设了4个专业。1985年时,这个学院已有7个专业,园艺专业已分为水果与蔬菜园艺、观赏园艺和草皮园艺3个专业。再如有一个大学,1965年工商管理系只有1个专业,1985年时已细分成为21个专业,即办公室行政管理专业、管理与办公室教育专业、家政公共与管理专业、雇员服务及工业康乐专业、时装商品专业、金融专业、食品与营养管理专业、一般管理专业、卫生服务专业、国际公共管理专业、劳工关系、企业管理、管理信息系统、市场学、市场与分配教育、劳动保护、经营管理专业、组织与联络管理专业、人事管理、职业会计和社会关系管理专业。专业划分过细,学生一进校就被束缚在狭隘的专业里。

3)专业开设的课程过于专业化和技能化。例如一个学院的纺织管理专业,开设一门以"纱绒结构与形式""纺织消耗存货控制"和"织物结构"为内容的纺织课占用了教学时间的 40%,另一门工商管理课又占了16%,两门课就占了教学时数的 56%。

4)学生只重视专业课的学习,忽视基础课,甚至把基础课视为额外负担。

上述问题不能不说同大力提倡职业教育有关。这种趋势在近 15 年来有增无减,现在已威胁到了大学的教育质量。毕业生的科学文化基础不扎实,视野狭窄,创造性减弱。如再不及时纠正必将产生严重的后果。

（3）加强基础教育的趋势

在大学里,各个专业的课程计划中都含有基础教育和专业教育两部分。在就职意识的强烈影响下,大学削弱了基础教育部分,或者胡乱地开设几门课程供学生选修,应付了事。使基础教育形同虚设。

针对这种情况,卡内基教学促进会提出的报告书建议重新构思基础教育的核心课程的体系。他们建议的框架如下:

1)语言　关键性的联系

2)艺术　美育的经验

3)传统　活着的历史

4)机构　社会的网络

5)自然　地球的生态

6)工作　职业的价值

7)同一性　意义的寻找

他们认为通过这几方面的学习可以使学生更好地了解自己,了解社会,了解他们为其中一分子的世界。

这个建议是有启发性的。高等学校所要培养的是高层次的专门人才,应当有扎实的基础知识,广阔的视野,过于狭隘的职业教育对于人才的成长是不利的。

(4)高等学校里的职业指导

学生的就业问题是大学不能不关心的。

首先,大学生入学的目的就是为了寻求一个更好的职业。据反映,美国公立大学的1/3以上的学生和私立大学里不到1/3的学生表示如果上大学而不能增加就业机会的话,他们将放弃念大学。大学生中对就业问题不担心的占 20%,有些担心的占 42%,相当担心的占 21%,还有13%的学生是极为担心。

其次,对于大学来说,学生毕业后能否立即找到合适的工作是事关声誉的大问题,也将影响到今后的招生。

再次,大学的迅速发展,已使高校的毕业生出现了相对过剩的局面,特别是文科和社会科学的毕业生要找工作还是相当困难的。

为了做好毕业生的安置工作,美国大学都设有就业指导处。但据调查,利用过就业指导处的学生不超过 30%。这种指导处一般规模都不大,经费亦不足,人员素质也不够理想。

根据经验,大学指导处最好由熟悉就业情况的专业人员负责。在安置就业时,对文科学生要给予特殊的照顾。还要鼓励一些学生攻读高一级的学位,为一些经济上有困难的学生争取到必要的资助。

二、英国学校系统内的职业教育

(一)义务教育阶段的职业教育

要了解英国职业教育在整个普通教育学校体系中的地位和作用,首先必须对这个普通教育学制的概貌有所了解。"1944 年教育法"为现行的英国学制奠定了基础,40 多年来,尽管英国的普通教育发展和变化很大,但是整个普教学校体制基本上还是由初等教育、中等教育和继续教育这三个连续发展的阶段组成,而英国义务教育阶段的职业教育主要还是在中学阶段实施。

1.中学阶段职业教育实施机构的主要类型

在英国,中等教育的实施机构主要有:文法中学、技术中学、现代中学和综合中学,而其中兼施职业教育的主要机构是技术中学、现代中学和综合中学。

(1)技术中学

技术中学,亦称技术学校,是根据1938年"斯宾斯报告"的建议而创建的。"1944年教育法"把它规定为三种中等学校中的一种,并把原来2~3年的学制扩充为5~7年,从此技术中学成了一种普通教育与职业教育兼施,但偏重于技术教育的学校。这种学校主要适合于"一小部分智力优异但由于对将来职业的考虑或自己的爱好而对其课程向往的儿童"。技术中学偏重技术课程,主要培养工程、电力、航海、航空、建筑、农业、商业等方面的初、中级技术人员和为各类高等工程技术院校输送合格的新生。它在英国中学中的地位仅次于文法中学。

但是技术中学在战后发展并不快,只有部分地方教育当局开设这类学校,其学生数仅占全国中学生总数的2%。尽管技术中学数量不多,可是它以其悠久的历史和丰富的办学经验在英国职业教育中占有重要的一席之地。

(2)现代中学

现代中学是一种主要以智力、能力较低学生为主要对象,兼施最基本的普通教育和职业教育的中学。它是1926年在工党政府的倡导下根据"哈多报告"的建议创立的。"1944年教育法"也把它定为三类中学中的一种,并把学制定为5年。这类学校的整个活动,是建立在现代派教育理论基础上的,课程设置重视实用价值和职业要求,主要为学生毕业后走向生活作好就业准备。现代中学设置的实用性、职业性科目一般有:工艺美术、缝纫与裁剪、烹调、汽车工程、建筑工艺、航海技术、电气技术、保育、音乐、农业科学、园艺、工场实习等，大多为实践性课程。这类学校的学生在完成义务教育（即满 16 岁）后，大部分直接就业，只有很小一部分得以继续升学。

作为教育民主化和普及中等义务教育之产物的现代中学，在战后发展很快，60 年代以前曾一度是中等教育的主体，劳动人民子弟中的绝大多数进入这类学校接受中等教育。但是 60 年代中期之后，随着综合中学的迅速发展，现代中学日趋减少，学校数由 1965 年的 3727 所减至 1979 年的 547 所。现代中学的职能也仅在综合中学的职业性课程组中体现。尽管 60 年代以来现代中学的数量变化很大，在整个中等教育体系中所占的比重已经似乎很小，但是其课程与职业兴趣有广泛联系的课程特点仍然不变，而且仍然影响着综合中学的课程结构。

（3）综合中学

综合中学是一种把文法中学、现代中学与技术中学综合在一起的中等学校，是根据"1944 年教育法"关于可在同一地方设立具有所有性质的综合中学的条文创立的。综合中学的学制一般 5～7 年，其培养目标多样化，既保证一部分学生升入大学又使一部分人就业。自 60 年代中期以来，在广大社会舆论的要求下，在工党政府的积极倡导下，随着战后教育民主化进程的加快，综合中学的发展极其迅速。

目前，这类中学已发展成为实施中等教育的主体，它在英国中等教育体系中所占的比重已达 90％以上，全国近 90％的中学生目前在综合中学学习。因此，可以这么说，英国中学阶段的职业教育在一定意义上就是指综合中学中的职业教育。

2.中学阶段职业教育的实施

如前所述，在英国的中学体系中，综合中学不仅是中等教育的主体，也是中学阶段职业教育的主体。因此，综合中学中职业教育的实施情况，基本上可反映英国中学阶段职业教育的概貌。英国中学阶段的职业教育形式，主要有两种：一是设置职业教育课程，二是开展职业指导。下文将以综合中学为线索进行介绍。

(1)设置职业教育课程

在英国,综合中学也有多种多样,最常见的是11~18岁的传统综合中学(包括最后两年的"第六学级"),即完全中学,与11~16岁的综合中学,即不完全中学。但是不管是哪种形式的综合中学,一般都在前5年进行3+2分段;前3年为低年级(相等于我国的初中),后两年为高年级(相等于我国的高中);完全中学中最后2年的"第六学级"具有大学预科的性质。英国综合中学中设置的职业教育课程也分低年级必修课与高年级选修课两部分。

低年级学生在3年内必修以下两门通用型技能课:加工技能课与绘图课。一、二年级每周2~4节加工技能课,由学工科的大学毕业生担任教师。加工技能课主要包括金加工、木加工、塑料加工及其他材料加工的知识。一般第一年学木工,第二年学金工(或一学期换一次)。在学习加工技能的同时,逐步学习识图和简单的绘图技术。加工技能课的主要目的有以下几方面:①认识基本的加工材料之性能(如金属、木材、塑料的性能);②掌握基本加工工具的用法和学会安全使用工具;③掌握基本的加工方法;④学会识图和看图加工。通过学习,学生一般都能达到选料和看图加工一些简单的器具。学习结束时,要求每个学生看图选料加工一件器具,作为考核。

在高年级,即在义务教育的最后两年,综合中学为四、五年级学生开设各类基础职业知识和技术选修课。学校根据师资和设备条件,开设从经济、家政、保健、秘书、建筑装修到工艺设计、电工、电子技术、计算机等名目繁多的职业技术课程。每门课每周2~4节,每个学生选修其中的1~2门。

下面是英国亨利·桑顿综合中学1982—1983学年的教学计划表,尽管在英国各地、各校的课程设置不尽统一,但该表无疑能帮助我们更好地了解英国综合中学中职业技术课程的设置及其课时安排情况。

一年级(以每周计算)

课程名称	英语	数学	自然科学综合课	法语	社会科学综合课	美术	技术课	戏剧	音乐	体育
学时	6	5	4	4	6	2	2	1	1	1

二年级(以每周计算)

课程名称	英语	数学	自然科学综合课	法语	美术	技术课	历史	地理	手工	宗教	音乐	戏剧	体育
学时	6	5	4	4	2	2	2	2	1	1	1	1	1

三年级(以每周计算)

课程名称	英语	数学	自然科学综合课	法语	美术	技术课	历史	地理	手工	宗教	音乐	体育
学习	5	5	4	4	2	2	2	2	1	1	1	1

四、五年级(以每周计算)

课程名称	英语	数学	自然科学选修1	法语或普通常识	社会科学选修2	选修3	选修4	宗教	体育
学习	5	5	4	4	4	4	4	1	1

注:"选修3"(四年级)课程包括:商业知识、计算机知识、木工、金工、美术。

"选修4"(四年级)的课程包括:商业知识、计算机知识、木工、化学、机械工程、美术。

"选修3"(五年级)的课程有:物理、商业知识、计算机知识、木工、金工、绘图、戏剧。

"选修4"(五年级)的课程有:化学、商业知识、计算机知识、木工、机械工程、美术。

(2)开展职业指导

在英国,对中学生的职业指导叫做"生计教育和指导"。就整个社会而言,这种对青少年的职业指导又叫做"生计服务"。严格地说,"生计教育和指导"或"生计服务"的外延要比职业指导广,其内涵也要丰富得多。职业指导则是"生计服务"的三大功能之一,"生计服务"的其余两大功能是:帮助青少年就业安置;照管未满18岁的就业青少年。

目前,这项工作的运转与管理情况是:在中央一级,政府通过"生计和

职业信息中心"来履行其提供生计信息的职责。"生计和职业信息中心"是
"人力服务委员会"所属"就业服务处"的一个部门,它负责发行各种载有生
计和职业信息的出版物,如系列小册子《生计的选择(Choie of Careers)》,每
年一本的《生计指导(Careers Guide)》,提供所有职业的工作细目、就业条
件以及训练机会。诸如此类的生计教育指导读物和职业信息资料,有些
是由"生计和职业信息中心"自己编制的,有些则是由产业界编制的。该
中心一般都免费向学校、生计官员和生计教师提供这类资料。

在中学对高年级学生进行生计教育与指导的主要目的,是为了把有
关各个领域的升学和就业机会全部向学生开放,帮助学生对自己的力
量、弱点、兴趣和才能作出真实的评价,加强年轻人对继续教育机会的意
识,使他们注意各种可能的生计选择,使他们为毕业后的生计作好准备。

中学阶段生计教育与指导的内容,除生计教师开设的职业指导课和开
展的职业咨询服务之外,还有"工业参观",即到社会上的一些企业单位参
观,了解和体验几种不同的工作。这被列入学校教学计划已有好几年了,
1973 年的"职业经验法"就规定,要向接受最后一年义务教育的学生提供某
些职业经验。可见,学校组织这种"工业参观",其目的主要是为了给学生
提供获得某种职业经验的机会。最后需要指出的是,由地方教育当局生计
官员负责的"生计服务"更具就业安置服务的性质,而在中学高年级由生计
教师负责的"生计教育与指导"工作则更具职业教育的性质。对中学来说,
生计官员是一个在生计教育方面联系地方企业、地方当局与学校三方的联
络官。而在中学的职业指导方面起实质性作用的则是中学生计教师。

3.义务教育结束后的分流与选择

英国义务教育的年限是 5～16 岁。在 16 岁完成义务教育之后,所有
的学生都必须参加国家统一规定的中等教育校外考试,俗称"16 岁考
试"。它包括"普通教育证书"的"一般水平"考试与"中等教育证书"考
试,其中,后者主要以希望就业的学生为对象,故考试科目侧重一般性和
职业性。可以说整个英国教育的分流自此开始。

"一般水平的普通教育证书"是有分数等级的,根据考试结果按ABCDE五级写入证书,五级中最高的前三项(ABC)为合格分数。"中等教育证书"考试也是按五个级别评定成绩的,1级为最高,取得1~4级成绩者可获"中等教育证书。""16岁考试"之后,除"普通教育证书"、"一般水平"考试的成绩优秀者和"中等教育证书"考试中获1级成绩者可望进入高一级大学预科性质的学校或学级(如第六级学院、第六学级)继续升学外,其余的毕业生通常面临以下三种选择:①进入劳动力市场,直接就业;②选择学徒制,参加职业训练;③在继续教育机构接受全日制的继续教育。

对升入第六学级和第六级学院的学生,在继续了为期两年的大学预科性质的教育后,在18岁参加"普通教育证书""高级水平"考试,俗称"18岁考试",合格者获"高级水平的普通教育证书"。此证是英国学生升入大学的通行证,因此合格者一般都能升入大学或多科技术学院继续深造。不合格者一般就业或继续就读于第六学级或第六级学院,准备来年的考试。事实上,考试的合格率还是相当高的。

(二)16~19岁年龄阶段的职业教育和训练

在英国的教育体制中,16~19岁年轻人的教育被视为极为重要的一个特殊教育阶段。它既是16岁义务教育结束后年轻人面临分流、选择的阶段,也是他们走向大学、走向生活的重要准备阶段。因此,在英国的学制中为这个年龄阶段的年轻人设置了一些专门的教育训练机构,如第六学级、第六级学院、第三级学院、技术学院或继续教育学院。尽管人们通常称这个年龄阶段为继续教育阶段,但实际上在对其实施机构进行分类时,一般还是把第六学级和第六级学院列为中等教育机构,而非继续教育机构。由于16~19岁是英国青少年走向生活和就业的关键期,因此它可是英国职业教育的重点。

1.第六学级和第六级学院中的职业教育

(1)概况

第六学级和第六级学院,特指中学五年级之后为已完成义务教育但想继续学业的青少年设立的为期两年的学级和学校。这二者的区别在于:第六学级附设在文法中学或综合中学,在结构上与中学连为一体,是一所中学中的一个特殊的年级;而第六级学院是一所以继续学业的16～19岁青少年为主要对象的单独设立的专门学校,其规模比第六学级大得多,平均500～600人,最大的有1200人。但第六学级历史悠久,文法中学中的第六学级出现于战前,发展于战后;综合中学中的第六学级产生并发展于战后。而第六级学院则到60年代中期才诞生,到60年代末才得以发展,但其发展速度大大快于第六学级,如1969年全国只有10所第六级学院,1974年发展到36所,到1981年已达102所。目前,第六级学院已成了英国16～19岁青少年继续学业、进行全日制学习的主要场所。

(2)主要职能

第六学级和第六级学院的职能,可概括为:以升学为目的学术教育为主,兼施职业教育和生计教育。这一点我们可从1980年"麦克法兰报告"的调查结果中看出。报告把16～19岁的年龄组分为7个类型:A类,已经就业但没参加系统的部分时间制学习或训练;B类,已就业但有机会接受可获得某种教育、职业或专业资格的系统教育或训练;C类,无业;D类,继续学业,以便升学;E类,学习以获得适合于自己的职业资格;F类,不想获得某种特定的职业资格,但想继续普通教育、个人发展和广泛的就业准备;G类,需要补偿教育,以便就业走向生活。调查结果表明:D类学生在第六级学院和第六学级中所占的比重最大;但是,较多的第六级学院,尤其是那些远离技术学院的第六级学院,也向E类学生开设职业课程;F类学生也是第六学级和第六级学院所关心的对象。

(3)设置的职业教育课程

如前所述,尽管在第六级学院中"一般水平"和"高级水平"的普通教育证书课程是其基本课程或主要课程,但它也开设一些职业课程。其中,最多的还是一些职业、专业团体的考试课程和证书课程。到

1980 年为止，已有 20 多所第六级学院采用了"伦敦市区成人教育协会"为期一年的 CGLI 基础课程，这些课程是依据一组互相有联系的职业和产业而设计的，如工艺设计、社区保护、商业研究、分配、工程、食品工业、护理与保育职业、公共与娱乐服务业、理工、工程技术。在课程结束时，平时学习、作业情况良好且考试合格者，可获得一种详细表明个人能力的证书。

除 CGLI 基础课程外，很多第六级学院还设有"皇家工艺学会"的 RSA 考试课程，它以秘书课程为主，包括速记、打字、电传打字、办公室工作实践等课，约有一半的第六级学院开设了这类课程。

有些第六级学院还开设了"商业教育协会"的 BEC 课程，它由基础的必修单元与为满足某特定职业需要的选修单元所组成。必修单元一般包括：人员与交流、商业会计、工作环境等；选修单元通常有：有关消费的法规、数据处理、簿记、打字、电话接线员与接待人员技巧等。开设此类课程的目的，旨在让学生了解货币在商业中的作用，了解商业生活中人的作用，掌握清楚地自我表达的能力，熟悉分析技术和在技术化环境中工作所面临的问题。

在许多第六级学院中，还开设了不少具有职业教育性质的"高级水平"的普通教育证书课程。如在 1981—1982 学年的 102 所第六级学院中，开设"高级水平"计算机专业课的有 64 所；开设技术绘图与设计技术课的有 38 所；开设商业专业课的有 35 所；开设工程绘图的有 27 所；开设工程科学的有 19 所；开设戏剧艺术的有 22 所；开设电子系统的 17 所；开设金工和统计课的有 15 所；开设木工课的有 14 所。

80 年代以来，随着英国失业情况日趋严重，出现了一种新的职业教育课程并在许多第六级学院中开设。这种新的职业教育课程叫做"普通职前准备课程"，为期一年。它一反职业教育课程面狭窄的传统，强调给学生以宽厚的、普通的和基础的职业教育。除此之外，20 世纪 80 年代以来职业指导课程也在第六学级和第六级学院中普遍开设。

2.技术学院和继续教育学院中的职业教育

技术学院和继续教育学院在英国学制上被列入继续教育部分。它们是英国向 16～19 岁青少年实施职业教育的主要场所。与第六级学院相比,继续教育部分的职业教育形式更加多样。技术学院和继续教育学院通常以全日制、工读交替制、部分时间制和夜间制等多种形式向这一年龄组的青少年实施职业教育。

(1)全日制课程与工读交替制课程

全日制课程与工读交替制课程,是技术学院和继续教育学院的主要课程形式。在 16～19 岁继续求学的学生中,进入继续教育机构学习的青少年约占 2/3,而其中学习继续教育全日制课程和工读交替制课程的学生约占 1/3。在技术学院和继续教育学院提供的这些课程中,既有职业性课程,又有学术性课程,如"高级水平"或"一般水平"的"普通教育证书"课程、"补习教育证书"课程。但是,与第六级学院不同的是,这些继续教育机构把其课程的重点更多地偏向职业性课程。此外,由于在经验上、设备上和师资上的优势,这些机构所开设的职业技术课程面也要比第六级学院开设的宽厚得多,而且课程的教学质量也要高得多。

目前在英国,技术学院和继续教育学院为 16～19 岁年龄组青少年所提供的全日制和工读交替制职业性课程,主要有以下几种:

1)"继续教育证书"课程(简称 CFE 课程)

CFE 课程是为期一年的职业课程,它的课程面较宽,主要是为能力一般的学生设计的,它的设计者是 6 个"地区考试委员会"。这种课程具有以下主要目标:提高学生在自己所选专业领域中的就业机会;使学生对自己的能力倾向以及对其特定职业的适应有一个明智的判断;CFE 课程的基本类型是由 2～3 个核心学科与一组选修学科组成,课程的特点是职业性、灵活性和实用性;这表现在课程迎合就业需要,而且可以直接转向其他职业性的继续教育课程。

2)"普通国家文凭"课程(简称 OND 课程)

OND 课程是两年制的职业课程,主要涉及以下 7 个主要学科领域:工程和技术(包括建筑)、食品技术、采矿和纺织技术、农业(包括森林业)、自然科学、商业研究、伙食供应和机构管理。每个学科领域由一组相关的学科组成,如商业研究这个学科领域由法律、经济学、会计学等学科组成。OND 课程的学习结果通常由外界来评估。由于它的课程形式灵活多样,除采用全日制外,还有部分时间制,夜校制等形式,所以它颇受欢迎。但是由于这种课程的面较宽,因而毕业生的就业面相对也要窄一些。

3)"伦敦市区成人教育协会"课程(简称 CGLI 课程)

开设在继续教育机构中的 CGLI 课程,通常有两种:一是前面提到过的一年制"基础课程",另一种是两年制的普通课程。一年制的"基础课程"是为那些能力一般的年轻人专门设计的,其意义在于:使年轻人能在较宽广的职业和行业领域内作好准备;可向中学毕业后暂时找不到工作的年轻人提供有效的就业准备。这种"基础课程"的特点是使职业教育与普通教育有机地结合起来。相对而言,两年制 GCLI 课程其专业性和针对性比"基础课程"更强。学生在学完后一般可获证书或文凭,但对学成的学生不包就业。尽管如此,一般说来这种课程的毕业生其就业要比"普通教育证书"课程的毕业生容易得多。两年制课程一般主要培养以下两种不同层次的人才:熟练工人与技术员。但在目前,培养技术员层次的课程正逐渐被新出现的"技术员教育协会"的 TEC 课程和"高业教育协会"的 BEC 课程所取代。开设在继续教育机构中的 CGLI 课程,其内容主要涉及以下几个行业或专业:工程、建筑、印刷、农业、食品供应等。其课程形式除全日制外,还有工读交替制的。

(2)部分时间制课程

部分时间制的职业教育课程一般采用以下三种形式:部分时间的连续性间断脱产学习制、阶段性间断脱产学习制与完全夜间学习制。这类课程一般以已经就业的青少年为主要对象。

1)连续性间断脱产学习制

学习这种部分时间制课程的学生,一般每周一个全天去学院,带薪脱产学习或每周每个半天带薪脱产学习,有时每周还要加一个晚上的学习时间。这些学生通常是处在学徒期的青年,正在为技术性职业或工种作准备,因而他们中的许多人学习"伦敦市区成人教育协会"的工艺课程与技术课程。这种部分时间制课程由于其学习时间有限且作业量大,学生的学习负担很重,所以在采用这种形式接受职业教育的青年中学业失败率很高。

2)阶段性间断脱产学习制

这是一种阶段性的全日带薪脱产的部分时间制课程,这类课程通常要持续12周或不到1年。典型的阶段性间断脱产学习制课程通常是这样安排的:连续脱产去学院学习12周,然后举行一次考试;或是分成三个阶段,以连续脱产学习4周为一个阶段,每阶段结束时组织一次考试,在全天候学习的各阶段之间每周要安排一个晚上的时间去学院学习。这种部分时间制课程的成功开设,需得到企业的大力支持,否则是难以立足的。

3)完全夜间学习制

采用这种形式学习的学生,每周一个晚上或几个晚上去学院学习,完全利用业余时间。这类课程的学习对象是那些没有带薪脱产学习机会的青年,选择这类课程的以女性为多,约占这类学生总数的60%以上。由于采取完全夜间学习制的学生要承担大量的家庭作业,对大多数学生来说这确实是一种艰难而繁重的学习形式,因而在这类学生中学业失败率或中途辍学率还是相当高的。近年来,采用完全夜间制的学生数正趋于减少。

3.第三级学院中的职业教育

(1)第三级学院的界说

第三级学院中的"第三"这个名词具有双重的含义:一是指继初等教育、中等教育之后的第三个教育阶段,即指"高级水平"的"普通教育证书"课程后教育或指高等教育;另一个含义是指16～19岁年龄组青少年的教育。对第三级学院的后一种解释,目前已被普通接受,因为尽管有人称第三级学院为"初级学院",但实际上在第三级学院中并未实施真正的高等教育,它所开设的课程属"非高级课程"。事实上,第三级学院只不过是第六级学院的职能与技术学院、继续教育学院的职能在同一水平上混合或综合的产物,因此它是以满足不同层次和不同兴趣爱好的16~19岁年龄组青少年的所有需要为目的而设立的,这也就决定了它的课程既有学术性又有职业性和技术性,不但品种多而且范围广的课程特色。所以,从某种意义上来讲,第三级学院是综合中学之后又一种高一层次的"综合学校",所不同的是第三级学院除提供全日制课程外还提供部分时间制课程和夜间学习制课程;此外,学院的经营受制于"继续教育规程"而非受制于中小学校教育规程。据称,第三级学院综合了英国中学教育和继续教育中的最好东西。

(2)第三级学院的产生与发展

第三级学院首创于1970年,到70年代末已发展到20多所。第三级学院一般规模很大,大多数学院的全日制学生在千人以上。除个别几所专门新建的之外,绝大多数第三级学院是在继续教育学院的基础上发展而来的。十几年来,地方教育当局一直对设立第三级学院表现出极大的热情和兴趣,这是因为从经济的角度讲,第三级学院在发挥同等职能的条件下比第六级学院、第六学级、继续教育学院更具效率,而且第三级学院可对这一年龄组学生的人数变动作出更加灵活的发展;更重要的是,由于第三级学院可比第六学级、第六级学院和继续教育学院提供更广泛的课程,因此它可使学生把学术性课程与职业性课程的学习更好地结合起来,从而使学生有一个更加广泛的课程面可供自己自由选择。第三级学院表面上的这些优势,使它成了最近几年16~19岁年龄组青少年教育发展中的宠儿。尽管就总体而言它的发展仍处于实验阶段,对它的这些表面上的优势有待于实践的进一步检验。但是不容置疑的是,近年来第三级学院的发展已经对英国这一年龄阶段青少年的教育产生了非常大的影响。随着第三级学院的发展和完善,中等学校与继续教育这两个部分之间的界线由于其职能的交合而正变得更加模糊不清了。

（3）第三级学院中职业教育的实施

由于第三级学院综合了第六级学院与继续教育学院的主要职能和优势，所以除进行学术教育外，实施广泛的职业教育和技术教育也是第三级学院的主要职能。第三级学院所提供的职业、技术课程的形式有全日制、部分时间制和夜间制。其课程内容基本上与继续教育学院所提供的相仿；在课程的水准方面，大多数第三级学院的职业课程，也如继续教育学院，属非高级课程。总而言之，就如在学术教育方面更似第六级学院一样，在职业教育方面，第三级学院更类似于继续教育学院。

4.学徒制与企业内的职业技术训练

如前所述，在英国每年有相当一部分16岁青少年在完成义务教育后直接就业，其中有许多在企业成了学徒工。现在的英国学徒制通常被理解为"企业内的基础训练"，整个学徒期一般要持续4～5年。学徒期的长短是由工会与企业主协会根据各职业、工种及其所需标准而谈判商定的。但绝大多数企业还是采用为期4年的学徒制。由于有关企业内职业训练和职工教育的要求一般在企业的"劳资产业训练协议"中都有规定，因此徒工的职业训练还是得到保障的。通常的做法是：第一年徒工脱产到继续教育学院或到"产业训练委员会"的ITB训练中心去学习；在以后的几年中，培训主要在企业内部进行，但徒工可利用"企业学习日"每周一天或两个半天带薪去学院继续学习，或可去学院学习一些有关的部分时间制课程；如徒工能成功地完成整个学徒训练计划并顺利通过考核，那就可获得职业资格或职业证书。"伦敦市区成人教育协会"常为徒工举行这类考试，但有一点必须指出，徒工在顺利完成整个学徒训练计划后，是否参加这类考试，也不是强迫的。

事实上，今天英国学徒制的概念已在许多方面大大地超过了原来的含义，如"学徒制"的概念不仅适用于传统意义上的手工艺人之训练，也适用于技术、商业方面的职业训练。但是，采用学徒制最多的恐怕还是工程、建筑等行业的企业。

除徒工外，英国企业内其他职工的职业技术训练一般也是以参加各种培训机构所提供的有关职业技术课程或训练计划为主要途径的。向他们开放的培训机构,主要是继续教育实施机构,如继续教育学院、技术学院、高等教育学院、多科技术学院,还有各专业学院;其次是"人力服务委员会"的职业技术培训中心和各行业"产业训练委员会"的训练中心。一些大企业则有自由的训练中心,这样职工不必外出脱产进修。这些培训机构一般都设有一些无论是形式还是内容均适合企业职工的训练课程或计划。企业职工一般以学习"连续性间断脱产学习制"和"完全夜间制"这样的部分时间制课程为多。有些大企业的职工甚至有机会学习"阶段性间断脱产学习制"的部分时间制课程,当然这取决于雇主的态度。但大多数雇主对不影响正常工作的产业训练持积极的态度。企业职工在选择培训课程内容时一般根据自己的需求,而不从企业的需求出发。他们参加产业培训的主要课程内容有:职业准备课程、专业资格课程、技术证书课程、一些专业协会的考试课程;无论是训练内容还是训练的层次,均以自己的情况为选择依据,除学习时间外,英国企业职工在产业训练的其他方面具有广泛的选择。

(三)高等专业技术教育

英国的高等专业技术教育主要在大学与非大学的高等教育机构"多科技术学院"和"高等教育学院"中实施。尽管在其他的一些继续教育的学院中也设有部分或少量专业技术教育的高级课程,但这类课程的主要提供者还是大学、多科技术学院和高等教育学院。英国中、高级科技人才和专业人才的培养,也主要由这三类机构通过开设专业技术的高级课程来实施。此外,英国工商界也为推动英国专业技术教育和训练的发展作出了重要的贡献。

1.大学中的高等专业技术教育

据 1984 年统计,英国现有大学 53 所,英国的高级科技人才的培养主要在这些大学进行。英国大学的高等专业技术教育,像大多数国家的大学一样,也分两个层次:研究生教育和本科生教育。

（1）研究生教育

这是英国大学培养科技人才的最高级教育，它以培养科技人才之精英为己任。研究生分硕士、博士生两种规格，两种规格的研究生教育各为2～3年。英国大学理工科的研究生教育较多地偏重纯自然科学，因此在攻读研究生课程的人数中以攻读纯自然科学的为多；攻读应用科学的研究生人数，往往只有它的一半。

（2）本科生教育

英国大学的本科生教育一般也偏重自然科学，但像伦敦大学、曼彻斯特大学、利物浦大学、谢菲尔德大学这样的大学则更偏重技术科学，它们大多设置了工程技术专业；而在20世纪60年代由高级工程技术学院充实、提高和升格的那8所技术大学，则重视高级技术人才和企业管理人才的培养。英国大学的本科教育一般为3年，以全日制为主。对学习工读交替制课程的学生，学制则为4年，因为要用15个月左右的时间去工厂接受实际训练。学成者可获学士学位。

英国大学本科生专业课程的设置，比较注意结合当地工商业发展的需求，有的放矢地培养当地所需的专业技术人才。如地处钢铁工业城市的谢菲尔德大学和伯明翰大学，特别重视冶金学课程；地处造船工业基地的利物浦大学，重视开发航海工程方面的课程；地处纺织业中心的曼彻斯特大学，注意设置纺织化学、纺织工程等方面的课程。

2.多科技术学院中的高等专业技术教育

（1）概况

多科技术学院是60年代中期开始发展起来的一种新型高等学校。它不仅是英国非大学，即公立部分（相对"自治"的大学而言）高等教育的主要实施机构，也是英国高等专业技术教育的主要实施机构，它在英国科技人才、专业人才的培养中占有重要的一席。经过20多年的发展和完善，尽管数量上增加不多，一直稳定在30所左右，但这类学院的规模却得到了很大的扩展。大多数多科技术学院，不仅有工科，也有文理科；工科培养科技人才,文理科则培养学术领域的专业人才。如,哈特费尔德多科技术学院共有 5 千名全日制学生,设有 5 个学院、16 个系;诺丁汉多科技术学院设有 8 个学院、28 个系,共有 1.3 万名学生。

多科技术学院虽然属高等教育范畴,但是它与大学却有许多的不同。一是领导体系不同,英国的大学仍保持着"自治"的传统,而多科技术学院则须接受地方当局的领导,受制于教育和科学部;二是经费来源不同,大学经费主要由国家直接拨给,而多科技术学院的经费主要由地方当局负担;三是学术地位不同,英国大学有权自己授予学位,而多科技术学院没这个权,尽管它也开设学位课程,但它的学生只有通过"全国学位授予委员会"或伦敦大学的校外考试才能取得学位;四是课程特性有所差别,与英国大学相比,多科技术学院所设置的课程则更具职业性和地方性。

(2)高等专业技术教育的层次和形式

1)课程层次

就课程层次而言,英国多科技术学院的课程可分为学位课程与文凭课程两种。学位课程提供学士学位,也和大学一样,分普通学士学位和荣誉学士学位两种。在一些条件好的多科技术学院里,还设有研究生学位课程。学位课程的学制与大学完全相仿,也为 3 年;不同的是,如前所述,多科技术学院本身没学位授予权,攻读学位课程的毕业生要到全国学位授予委员会去取得学位。

多科技术学院开设的第二种课程,即文凭课程,则相当于其他国家短期大学开设的课程,这是英国高等教育中层次最低一级的高级课程,通常为两年制。这类课程职业性强,以培养一般的专业人员和技术人员为目的。攻读文凭课程的毕业生不能直接取得学位,只能获得文凭。

这两类课程在不同的多科技术学院中所占的比例是各不相同的。在一些全国闻名的高水平学院中,学位课程占的比例相当大,如诺丁汉多科技术学院攻读研究生课程的占学生总数的 5%,攻读学位课程的占 60%,

而攻读文凭课程的仅占 35%。当然,也有许多学院以文凭课程为主。

　　2)课程形式

　　就多科技术学院所设课程的形式而言,可分全日制、工读交替制、部分时间制和夜间制课程。其中,工读交替的"三明治"课程,可说是英国多科技术学院专业技术教育的一大特色。这类课程在多科技术学院中普遍开设,在学院中占有相当高的比例。以谢菲尔德多科技术学院为例,在1981—1982学年,全校7000名学生中就有近4000人攻读这类工读交替的"三明治"课程,约占学生总数的一半以上。

　　学制上,这类工读交替制课程如同在大学一样,比一般的学位课程和文凭课程多一年。因此,攻读"三明治"学位课程则需4年;"三明治"文凭课程也要学习3年。也似在大学,多出的一年用于学生的工作实践。工读交替的"三明治"课程,其具体安排是:学位课程是头二年学习,第三年实践,最后一年学习;文凭课程是第一年学习,第二年实践,第三年学习。所以,就学习内容而言,"三明治"课程丝毫不少于一般的课程,因为一年的实践时间并不包括在课时之内。在这一年的实践期间,学生在工厂、企业和有关部门的各种不同岗位上工作和劳动。

　　是否攻读"三明治"课程,这也并不是完全取决于学生本人的意愿,这还与他所选择的专业有关。在多科技术学院中,有的专业设有"三明治"课程,有的则没有。设"三明治"课程的,主要是理工科方面的、应用性强的专业;但也有一些文科方面的、理论性较强的专业开设这类课程。

　　至于"三明治"课程中这一年的实践安排,由于每所多科技术学院都与当地的许多企业有联系(接受它们的经费,为它们培养所需要的人才),因此这一年的工作实践通常由这些企业帮助安排解决;当然也有要求学生自己去联系的。学生在这一年的实践期间可领取报酬。

　　用工读交替的方式培养专业技术人员,有利于学生更好地理解理论知识,掌握生产技巧,熟悉自己所从事的生产活动在整个生产过程中的地位及其前后衔接的生产程序和关系。由于这种理论联系实际的学习方式能使学生较好地掌握专业并能在毕业后立即投入工作,因此工读交替的"三明治"课程深受企业界的欢迎,因而这类课程的毕业生也往往比较容易就业。

(3)多科技术学院的前景

关于多科技术学院的发展前途,英国教育界的一些有识之士认为,在当前英国经济状况不佳、高等教育经费减缩的情况下,整个高等教育在近期不可能有什么大的发展,各类高等院校也将维持现状。大学将继续在学术和理论上保持其优势,而多科技术学院则继续在一定理论水平的基础上,从实践和应用的角度为当地的工厂、企业和有关部门培养多种水平的专业人员和技术人员,以便对经济和技术的发展产生更大的实用价值。因此,一旦英国的经济状况有所改善,多科技术学院将会优先得到发展。

3.高等教育学院中的专业技术教育

"高等教育学院"是 1974 年后由于生源不足而对以培养师资为主的地方教育学院进行整顿改组而逐渐出现的一类多科性高等学校。

要了解这类高校的性质以及由来,必须先了解 70 年代以来英国高等教育和继续教育的整个体制演变过程。大改组之前英国的整个高等教育体制和继续教育体制是这样的:高等教育主要由"自治"的大学与非大学的"公立部分"高教机构——教育学院和多科技术学院构成,但其中,多科技术学院归属于继续教育体系而教育学院则独立于这个体系之外;继续教育体系则由多科技术学院、"主要继续教育机构"和夜校构成,而其中的"主要继续教育机构"则包括继续教育学院、技术学院和其他专业学院。对教育学院进行大改组后,到 80 年代整个英国的高等教育体制和继续教育体制成了下面这个样子:高等教育主要由"自治"的大学与非大学"公立部分"高教机构——多科技术学院和改组后组建的"高等教育学院"构成,与 70 年代不同的是新组建的"高等教育学院"归属于继续教育体系而不再游离于这个体制之外;现在的继续教育体系则由多科技术学院、高等教育学院、"其他继续教育学院"和夜校构成。

由此看来，"高等教育学院"这一类机构成了大学和多科技术学院之外英国高等教育的第三支力量。它不仅是英国非大学部分师范教育的主要实施机构，也是为当地培养其他方面专业人才的重要场所，如除教师外，它兼负着为工商业、公共服务业、农业培养技术人员和管理人员，还为本地区培养一些音乐、美术、建筑等方面的专业人才。

三、日本学校中的职业教育

职业教育在日本的学校教育中占有很重要的地位。战后60多年来，日本进行职业教育的各级各类学校，培养出了大批优秀的技术人才和熟练劳动力，促进了日本经济的高速发展。

战后，日本政府在1947年3月颁布的《学校教育法》中，对初中和高中的职业教育目标都作了规定，即初中阶段"培养学生具有某种社会职业方面的基础知识和基本技能，良好的劳动态度，以及根据自己的个性选择将来道路的能力"；高中阶段"培养学生具有一种必须完成社会使命的觉悟，使之能够根据自己的个性决定将来的道路，提高一般教养水平，掌握某种专门技能"。为了实现上述目标，采取了一些具体措施：初中设有技术、家政科，普通高中设有工、农、商、水产、家政等选修的职业学科，还设立了工、农、商、水产等职业高中，并以此为实施中等职业教育的主要机构。

日本除了在初中、高中里实施职业教育以外，还开办了"各种学校"、专修学校等中等程度的职业学校来实施职业教育。

另外，进行职业教育的学校，还包括属于高等教育范畴的高等专科学校和短期大学等。

(一)初级中学与高级中学进行的职业教育

1.初中的职业基础知识教育

日本的初中，属于义务教育阶段，主要是"在小学教育的基础上，与学生的身心发展相适应，实施中等普通教育"。但为了给学生就业作准备，也进行一些基本的职业技术知识和技能方面的教育。它设有必修的

"技术、家政科",男生以学习生产技术为主,女生以学习家庭生活基础知识为主。另外,还设有工业、农业、商业、水产、家政等选修科目。

1951年,职业科的名称被改为"职业、家政科",并进一步规定了其性质、目的和内容。其性质为:从事对实际生活有用的工作,学科是根据地区的需要以及学校、学生的情况而设的,具有一定的特色。基于这种性质,其目的为:教授对实际生活有用的工作的基础知识和基本技能;培养学生热爱劳动、愉快工作的态度;使学生具有家庭生活和职业生活方面的社会性、经济性知识;培养他们根据自己的个性和环境来选择将来道路的能力。为了实现上述目的,规定了如下的教育内容。

表1 职业、家政科(1951年)的内容

	大项目	中项目	小项目
第一类	栽培	3	13
	饲养	2	4
	渔业	2	7
	食品加工	3	17
第二类	手工艺	4	24
	机械操作	3	14
	制图	2	7
第三类	文书事务	2	5
	经营记账	3	13
	计算	2	5
第四类	烹饪	2	8
	卫生保育	2	6

资料来源:[日]岩井龙也、松原治郎《产业教育》,第一法规,1967年。

1957年,对上述"职业、家政科"的教育内容作了进一步的修订,参见下表。

表2 职业、家政科(1957年)的内容

群	范围	项目	群	范围	项目
第一群	栽培	3	第四群	渔业	3
	饲养	2		水产制造	2
	农产加工	2		繁殖	2
第二群	制图	3	第五群	食物	3
	机械	3		被服	3
	电气	2		居住	2
	建设	3		家庭经营	2
				家族	2
第三群	经营	3	第六群	产业与职业	2
	簿记	3		职业与出路	2
	计算事物	2			
	文书事务	2		职业生活	2

资料来源:同表1。

1958年,"职业、家政科"的名称又被改为"技术、家政科"。这次修改的重点主要有以下四点:①把图画手工课中的有关生产技术的部分合在一起作为技术科;②设面向男生的以工业内容为中心的和面向女生的以家政内容为中心的两个系列;③设置农业、工业、商业、水产、家政等选修科;④把出路指导作为职业指导的内容,包括在特别教育活动的学级活动中。

"技术、家政科"的目标,有以下四项:①使学生们掌握生活中必需的基本技术,体验创造和生产的喜悦,使他们理解现代技术,培养对待生活的基本态度;②使学生学习设计、制作等,增强表现、创造方面的能力,养成合理地处理事情的态度;③使学生通过学习制作、操作等,理解技术与生活间的密切关系,养成为提高生活水平和发展技术而努力的态度;④使学生通过学习生活中必需的基本技术,确立对于现代技术的信心,

养成注重合作、责任与安全的实践性态度。

在这种目标下,规定了如下的教育内容:

表3 技术、家政科的内容

面向男生		面向女生	
设计·制图	55	设计·制图	15
木材加工	115	家庭手工	30
金属加工			
栽培	20		
机械	45	家庭机械	50
电气	45		
综合实习	35		
		烹饪	80
		被服制作	130
		保育	10

注:( )内为标准教学时数。资料来源:同表1。

另外,每学年的具体内容是不同的。参见下表:

表4 各学年的总目标

	面向男生	面向女生
第一学年	学习有关设计·制图、木材加工、金属加工、栽培的基础性技术,培养学生进行设计的能力;同时,使之理解技术与生活间的关系;养成合理地处理事情的态度。	学习有关烹饪、被服制作、设计·制图、家庭机械、家庭手工的基础性技术;培养学生进行设计的能力;理解技术与生活间的关系;养成合理地处理事情的态度。

	面向男生	面向女生
第2学年	学习有关设计·制图、木材加工、金属加工、机械的基础性技术,提高学生进行设计的能力;同时,使之理解技术与生产间的关系;养成为提高生活水平和发展技术而努力的态度。	学习有关烹饪、被服制作、家庭机械、家庭手工的基础性技术,提高学生进行设计的能力;同时,使之理解技术与家庭间的关系;养成为提高生活水平和发展技术而努力的态度。
第3学年	学习有关机械及电气的基础性技术,培养学生有效地运用现代技术的能力;同时,使之理解现代技术与生产、生活间的关系,培养他们对待生活的基本态度。	学习有关烹饪、被服制作、保育、家庭机械的基础性技术,培养学生有效地运用现代技术的能力;同时,使之理解现代技术与生活间的关系,培养他们对待生活的基本态度。

资料来源:[日]《产业教育》,1960 年 5 月号。

由上可见,"技术、家政科"的目标及其内容组成,排除了与某种职业相对立的倾向,以掌握所有产业共同的基础性技术为中心。例如面向男生的以工业领域为中心的系列,不是以工业领域的职业为前提,而是以一般性技术为基础的。

在 50 年代,日本的初中毕业生少数升学,多数就业,和高中毕业生一起,是社会劳动力的主要来源。因此,初中进行的职业技术基础知识教育,为其毕业生就业作了一定的准备。但是,自经济高速发展的 60 年代以来,初中毕业生升入高中的越来越多,就业的越来越少。例如,1961 年的初中毕业生总数为 140.2 万人,升学率为 59.3%,就业率为 32.7%;1964 年的毕业生总数为 242.7 万人,升学率为 66.2%,就业率为 25.7%;1967 年的毕业生总数为 194.7 万人,升学率为 71.2%,就业率为 19.6%;1970 年的毕业生总数为 166.7 万人,升学率为 78.7%,就业率为 12.8%;1975 年,初中毕业生的升学率就达到了91.9％；1979年又达到94％，高中教育已经基本普及，而且毕业率极高(97.1％)。在这种情况下，开设和选修职业技术课程的已经很少了，初中的职业教育逐渐失去实际意义。

2.高中的职业教育

日本高中的任务是双重的，它一方面实施普通教育，为青年继续升学作准备，另一方面实施职业教育，为青年就业作准备。

日本设有3种类型的高中，即以普通课程为主的普通高中；以职业课程为主的职业高中；既设普通课程又设职业课程，或设两种以上职业课程的综合高中。普通高中和综合高中的普通科主要是为青年升学作准备的，但也开设职业课程，供学生选修，为就业作必要的准备。职业高中包括农业高中、工业高中、商业高中、水产高中、医疗高中、家政高中等多种，其培养目标是为农、工、商、水产、医疗等行业培养熟练工人和初级技术人员。

职业高中是日本进行职业教育的重点，从50年代到80年代，它随着经济的发展变化而不断变化。

在这种情况下，"理科教育和产业教育审议会"于1967年8月发表了"关于高中职业教育多样化"的咨询报告，其中指出了高中职业教育多样化的意义和作用；提出了多样化的基本方针等，从而决定了这一时期高中职业教育的基调——多样化。

以"理科教育和产业教育审议会"咨询报告的基本方针为宗旨，各职业高中根据当地的实际情况，对学科作了一些调整，去掉了一些已经落后于产业发展和技术革新需要的学科，增设了一些急需而过去又没有开设的学科。新增设的一些主要学科如下：工业方面增设了电子学科、汽车学科、情报技术学科、工业预测学科、设备工业学科、环境工业学科、化学工业学科、纤维工业学科、室内设计学科、造型设计学科、工业管理学科等；农业方面增设了木材加工学科；商业方面增设了事务学科、经营学科、营业学科、贸易学科、秘书学科；水产方面增设了渔业经营学科；家政方面增设了家政学科、服装设计学科、保育学科等。到1973年，工业学科达 140 种、农业学科 21 种、商业学科 66 种、水产学科 14 种、家政学科 15 种。如果把这个数字和 1966 年的各学科数字作一下比较,就可以看到,工业学科增加 11 种、农业学科减少 30 种、商业学科增加 54 种、水产学科增加 1 种、家政学科增加 5 种。可见,农业学科不但没有增加,反而大大减少了,而商业学科增加的最多,其次才是工业学科。因此,可以说多样化政策在商业教育方面表现得最为突出,工业教育方面除了新增设一些学科以外,主要是进行了大幅度的重新编制。这种情况是与当时的产业结构、就业结构的变化相适应的。

职业教育多样化政策的实施,在确保学生的所学专业与产业部门对口和"开发人的能力"等方面,确实起到了积极的作用。在整个 60 年代,大约有 700 万高中毕业生到各产业部门去工作,为实现"经济高速增长"政策作出了贡献。

然而,随着科学技术的不断发展,专业分得过细的消极面日益明显地暴露出来了。因为在技术革新瞬息万变的企业中,工种常有变化,而那些普通基础知识不雄厚,只掌握某种狭窄技能的职业高中毕业生适应不了这种变化。鉴于这一情况,日本文部省改革职业教育委员会于 1977 年 1 月公布了一个报告,对多样化政策进行了重新研究;提出了重新安排职业高中课程的提案;明确指出与其让学生学习许多专门科目,倒不如为他们打好基础,以适应产业技术的发展变化。因此,文部省 1978 年修订(1982 年实行)的高中教学大纲,对职业教育多样化的内容作了修改,将 314 门课程改编为 158 门,强调课程内容以基础知识为重点等。从此,职业教育的专业和课程设置由过细化、专业化向综合化、基础化的方向发展。

日本经济经过复兴和"高速增长"时期以后,从 1970 年 9 月开始,出现了不景气,增长速度开始减慢,特别是受到 1973 年到 1975 年的经济危机的打击之后,经济增长更加缓慢。从此,日本经济进入了所谓"稳定增长"的低速发展时期。为了适应国内外环境的变化,继续求得经济增长,日本开始把产业结构由劳动集约型向知识集约型转变。所谓知识集约型,是依靠掌握高度的科学技术来制造产品。在知识集约型产业中,从事智能活动的人是产业发展的关键,也就是说,科技人员成了重要的生产力要素之一。因此,这种产业结构的转变,对职业教育提出了新的要求,要求受过职业教育的毕业生具有较雄厚的基础知识、较强的适应性、较强的解决实际问题的能力等。为此,日本政府对职业教育进行了一些改革,采取了一些新的措施,特别是为高中职业教育制定了一些新的政策。

日本文部省于1973年成立的"改革职业教育委员会",在1976年公布了一个《关于改革高中职业教育》的报告(以下简称"报告"),其中提出了四点具体的政策性意见:重视基础教育、教育课程要有伸缩性、改善学科结构、加强劳动体验。这几点意见在1978年修订(1982年实行)的高中教学大纲中,基本上都得到了落实。

(1)重视基础教育,以适应社会发展的需要

"报告"中特别强调了重视高中职业科的基础教育问题。所谓重视基础教育,主要指加强基础课教学,让学生掌握学科的基本理论。其具体内容如从工业教育中把有关机械、电气、工业化学、情报技术这四方面技术的基本内容抽出来,配以实验、实习,编成基础课程等。"报告"的这一精神,具体体现在文部省1978年修订的高中教学大纲中。在1970年的高中教学大纲中,各职业学科的目标都只是笼统地提要使学生掌握某一门的知识和技术,而1978年的大纲则提出要使学生掌握某一门的基础知识和基本技术,而且还新设了"农业基础"、"工业基础"、"商业经济"、"水产概论"等科目,从而使各科学生掌握本专业的基础知识。

(2)修改各类课程的学分数,使之具有伸缩性

"报告"里提出了要使职业学科的教育课程具有伸缩性的原则。所谓具有"伸缩性",就是指削减专业必修课的学分,增加选修课的学分。此外,各学科可以根据地区和学生的实际情况,安排具有特色的教学计划等。

"报告"的这一精神,也体现在1978年修订的高中教学大纲中:专业必修课的学分由35分减到30分,并规定必修课作为低年级的学习课程,

到高年级尽可能让学生选修各种科目。这样做的结果,不仅避免了单一化,适应了学生的个性、能力多样化的情况,而且扩大了毕业生的就业门路,也提高了他们在工作中的适应能力。

(3)改善学科结构,使之综合化

改革高中职业教育课程的第三项政策是改善职业科中的学科结构,使之综合化。据1975年调查,整个日本职业高中共有各种学科245种,仅教学大纲中规定的标准学科就有50种。之所以有这么多的学科,主要是由于60年代实行教育内容多样化政策的结果。多样化政策在60年代确实起过积极作用,但是,从70年代要培养全面发展的人、学生高中毕业后不能决定他一生的职业的观点出发,这些小学科的划分就过于专门化了。

(二)"各种学校"与专修学校进行的职业教育

1.发挥"各种学校"的独特作用

所谓"各种学校",是实施类似学校教育的各种职业技术学校的总称。早在1879年明治维新以后颁布的"学校令"中就规定设置这种正规学校制度以外的、类似私塾式的"各种学校",不过那时多是以小学和部分初中程度的人为对象。战后的"各种学校"性质未变,程度上有了更高一级的要求。它主要是教授一些生产、生活和职业上所需要的知识和技能,学生在短期内可以学得一技之长。

"各种学校"有90%以上是私立的,学校规模都比较小,有的只有几名教师和几十名学生,学生千人以上的学校只占3%左右,而且,一般是单科性质,一校一科,但专业范围很广,涉及各行各业和社会生活的各个方面。例如,工业技术类有工业、电子计算机、无线电、土木建筑、汽车修理;商业事务类有商业经营、珠算、簿记、速记;医疗卫生类有卫生保健、护士、助产士、营养、牙齿卫生、理疗;被服家政类有裁缝、编织、制帽、家政、烹饪;艺术类有美术、舞蹈、戏剧、音乐;体育福利类有幼儿园教师、保姆、社会事业;文化教育类有外语、农业等等,有上百个专业。

由于"各种学校"教授的主要是一些与现实生活和职业密切相关的

知识和技能,学生选学某种课程,能在较短的时间内获得一技之长,所以很受人们欢迎。另外,由于它能适应社会需要、机动地开办起正规学校所不开设的多种学科,以各种方法培养各类专业人才,因而很受社会重视。而且,政府规定,只要有2人以上的教师和20名以上的学生,就可以成立"各种学校",所以,设立这种学校是比较容易的。

基于以上原因,"各种学校"发展很快,70年代初,已发展到8000所,学生达120万人。尽管有一部分学校在70年代中期被升格改为专修学校,而且由于初中毕业生直接升入高中的人数不断增多,使这类学校有减少的趋势,但是,到1983年,日本社会上这类学校仍然有4866所,在日本的职业教育事业中发挥着独特的作用。

2.设立专修学校,充实加强职业教育

为了进一步充实加强职业教育,日本文部省于1975年7月制定了设立新型职业教育的专门机构——专修学校的政策,并于1976年1月开始建校。

专修学校在制度上虽然是新设,但实际上是由"各种学校"发展而来的,即把"各种学校"中符合一定标准和条件(修业1年以上,每年授课800学时,学生在40人以上)的,升格改组为专修学校。"各种学校"在日本的职业教育事业中发挥了一定的作用,但是,从制度上来说,"各种学校"的目的、入学条件、教师资格等都没有明确的法律规定,各校之间教学水平的差距也很大。因此,一些有关人士一直要求给具有一定规模和水平的"各种学校"以一定的法律地位,提高其教学质量,使之发挥更大的作用。在这种情况下,专修学校应时而生。

专修学校在日本各类职学学校中是独具特色的学校群。因为它由3种类型的课程组成:设高中课程的高等专修学校、设专门课程的专门学校、设一般课程的一般专修学校。这3种类型的学校,根据教育目的和教育对象的不同,施以不同程度、各具特色的职业教育与训练。

高等专修学校(专修学校的高中课程),招收初中毕业生,在初中教育的基础上开设各类职业课程,同时,还设有国语、社会、数学、体育等一般性学科,以提高学生的基础知识水平,并对于修业 3 年的毕业生授予高中毕业的资格。因此,它属于后期中等教育范畴。

专门学校(专修学校的专门课程),招收高中毕业生,在高中教育的基础上开设各类职业课程,对于修业两年的毕业生授予同短期大学毕业生同等的资格。因此,它属于高等教育范畴。专门课程在专修学校中占有主要地位,据 1980 年统计,修这类课程的学生占全部专修学校学生的 76%。

专修学校自 1976 年成立以来,学校数和学生数都逐年增加:1976 年的学校数为 894 所,学生数为 130000 人;1977 年为 1941 所,357000 人;1978 年为 2253 所,406613 人;1979 年为 2385 所,411000 人;1980 年为 2520 所,432900 人;1981 年为 2745 所,470000 人;1983 年为 2804 所,478900 人;1984 年达到 2955 所,536000 人。其增长速度之所以如此迅速,主要是由于它具有以下几个特点:

(1)实用性。基于专修学校"培养职业和实际生活所需要的能力"的教育目的,其课程结构以大量的专业课为核心,而且课程内容结合实际,教学方法注重实践,有的学校的实习时间占一半以上,从而使学生能够在较短的时间内学到一门或几门社会实际需要的有关知识,掌握实际工作的技能,为就业创造条件。因此,这些学生被单位录用后,很快就能熟悉工作,在较短的时间内就能创造价值。为此,一些企业、事业单位愿意录用专修学校的毕业生,把他们称为拥有专门知识和技能的"现成战斗力"。

(2)多样性。专修学校的种类很多,几乎涉足于社会生活的各个领域。总括起来有以下几个方面:工业(建筑、测量、电子计算机、汽车工业等);农业(农技、园艺、食肉类等);实务商业(打字、簿记、速记、珠算、房屋土地调查士、不动产鉴定士、旅游、翻译等);医疗卫生(护士、X 光、针灸、按摩、营养、烹调、理发);民主家政(社会福利、服装、设计、编织、保育、保姆等);文化教养(美术、音乐、演剧、摄影、宗教、法律、书法、茶道等)。由于专修学校的教学内容丰富多彩,所以学生可以根据自己的能力、志愿和个性来选择学习内容。

（3）灵活性。据日本文部省有关材料统计，专修学校近90％是私立的，因此，其校舍的建设规模、各种教学设施等，差别也比较大。但正因为专修学校大部分是因地制宜创办的，所以具有较大的灵活性。例如：每一期的所设专业、课程内容以及招生人数等都不是固定不变的，而是可以根据社会上的实际需要，在一定范围内作些适当的调整。

基于以上几个特点，专修学校深受社会的欢迎，就业率很高，平均达85％，比大学、短大毕业生的就业率还高，大多数学生在毕业前已被内定去向。因为不少学生认为，上专修学校可以学到实际技术，职业比较有保证，所以有的人甚至在同时考取几个大学之后，宁可舍弃不去而进入专修学校；还有一些大学毕业生为了提高实际工作能力和职业适应性，也再次报考专修学校；另外，随着科学技术的飞速发展，一般的服务行业以及家庭等方面，也都实现了现代化，从而要求人们学习和掌握一般的科学知识和技能。这样就从客观上促进了专修学校入学率的提高。

（三）高等专门学校与短期大学进行的职业教育

经过一系列的改革，日本的高等教育由战后初期的单一的4年制大学被扩充为"三级一专"，所谓"三级"即短期大学、4年制大学和研究生院，"一专"为高等专门学校。在这"三级一专"中，高等专门学校和短期大学属于职业教育范围。

1.创建高等专门学校，培养中级技术人员

日本战后创建的新学制是4年制大学培养高级技术人员，职业高中培养初级技术人员，而中级技术人员却没有相应的培养机构。因此，产业界多次要求设立培养中级技术人员的高等专门学校。特别是《国民收入倍增计划》发表后，中级技术人员的培养，更成了一个社会性的大问题，因此，产业界、经济界再次提出了强烈的要求。在这种情况下，1961年的第38届国会通过了《部分修改学校教育法的法律案》（即《高等专门学校制度法案》），决定从1962年起设置高等专门学校。

《高等专门学校制度法案》通过后，日本各地迅速地掀起了设置工业

高专的热潮,第一年度(1962年)就创办了18所,之后,校数和学科数都逐年增加。而且,为了适应日本国际海运的显著发展和海运的现代化,于1967年6月把原有的5所国立商船高中升格,创建了商船高专,以培养具有高级知识和技术的优秀的远洋轮工作人员;1971年4月为了培养优秀的无线电技术人员,又把原来的3所国立无线电高中升格,设置了无线电工业高专,适应了无线电技术的高级化。

高等专门学校的目的是"教授高深的专门知识和技艺,培养职业所需要的能力"。所设学科种类主要有机械工学、电气工学、工业化学、建筑学、金属工学、航空机体工学、印刷工学、航海、无线电通信等。其招生对象是初中毕业生,学制为5年,即把高中和短大连接起来进行5年一贯的教育,以使基础教育、专业基础教育和专业教育连贯起来。根据文部省"教学计划基准"的规定,5年的总教学时数为6545学时,其中普通科目为2905学时,专业科目为3640学时。可见,普通科目的比重较低,而专业科目的比重较高,其专业科目比短大工业系(1200学时)和大学工学部(3000~3200学时)的教学时数都多。

由于高等专门学校的专业设置紧密配合经济发展的需要,专业科目的比重较高,因而毕业生的实际工作能力较强,而且有一定的理论基础,所以很受企业的欢迎,就业率很高,一般都在90%以上。正因为如此,入学竞争也是比较激烈的,以国立高专的入学竞争率为例,1962年度为17.5倍,1963年为13.3倍。据东京商工会议所的"关于高等专门学校制度意见调查"(1971年),80%以上的企业认为,应该进一步发展这项制度。到高等专门学校制度创立10年后的1971年,企业的求人倍率已经超过了20倍。1971年以后,其需求仍然是强烈的,但是,入学竞争率却大幅度下降,到1974年已经下降到2.2倍。这样,就不容易招收到优秀的初中毕业生了。

为了解决以上问题,日本文部省采取了一些措施。如1976年10月创建了长冈和丰桥两所技术科学大学。这两所大学以高专毕业生为主要招收对象,录取后编入二年或三年级,从而在一定程度上解决了高专毕业生的升学问题。

日本现有高等专门学校 62 所,在校生为 46900 万人。1982 年高专毕业生的就业率为 89.5%,有 8.8% 的学生升入大学继续学习。

高等专门学校在整个 60 年代培养了很多企业所急需的中级技术人员,据统计,仅 1965—1970 年的五年间就业于各部门的中级技术人员就有 19 万人之多。这些既有理论基础知识,又有实践能力的第一线技术人员,为实现日本经济的"高速增长"起了不容忽视的作用。然而,当经济发展到一定阶段时,其发展速度逐渐慢了下来。因此,可以说高等专门学校是日本经济"高速增长"政策下的产物。可见教育与经济发展之间有非常密切的关系。

这所"高校"是于 1963 年 4 月 1 日正式成立的,学校设机械工学科、电气工学科和金属工学科等三学科。

机械工学科主要是培养机械设计和机械制造方面的高水平的技术人员,入学定员为 80 人,主要必修课程有:应用数学、工业数学、应用物理和电气工学概论等专业共同课和工业力学、机械力学、材料力学、热力学、流体工学、材料学和机械设计法等专业基础课,以及机械工学演习、机械设计制图、机械工学实验、机械工作实习等。此外还开设有 20 学分的选修课,学生必须修足 85 学分的必修课和 7 学分的选修课。

电气工学科主要是培养从电力到情报工程学方面的技术人员,入学定员为 40 人。必修课除了应用数学、工业数学、应用物理等专业共同课外,专业基础课有:电工原理、交流理论、电路理论、电磁场理论、电子测量等。专业课方面有:电机、电力发生与输送、自动控制、电子通信、计算机、情报等,以及电气制图、电工实验等实践课。此外还开设一批选修课(物性工程学、半导体工程学、自动控制论、原子能发电等,共 14 学分)。学生必须修足必修课 88 学分,选修课 4 学分。

金属工学科主要是培养关于金属知识方面高水平的加工技术人员,入学定员为 40 人。必修课程除了应用数学、工业数学、应用物理、情报处理等共同基础课外,还有冶炼(分析化学、物理化学、冶金热力学、冶炼工程学)、材料(物理冶金学、金属材料学、材料试验法)、加工(金属加工学、热处理工程学)、设备(材料力学、电工概论)以及金属工程学实验实习、金属设备工程学制图、金属工程学演习等实践课,此外还开设总计17学分的选修课(非金属材料、机器分析法、化学工程学、金属设备工程学等)。要求学生必须修满85学分的必修课和7学分的选修课。

在课程设置上,除了如上所述各学科的专业基础课和专业课外,还有全校各学科共同开设的"一般科目"。必修的主要是:国语、人文科学、社会科学、数学、物理、化学、体育、艺术、外语等方面的课程。还有文学概论、比较文化论、心理学、语言学等选修课(要求至少修足3学分)。

这所学校设有电子计算机室和各学科的实验室、实习工厂等,电子计算机以及有关机器设备是十分充实的,给学生也安排了充分的实验或实习的时间,这正体现了"高专"的特点,对实现学校"培养职业上必需的能力"的目标是十分必要和很有成效的。

同其他高等专门学校一样,国立津山工业高等专门学校也为经济的增长作出了贡献。以该校毕业生的去向为例,1980年全校毕业生154人中,除了有8人希望升学并且已经进入了长冈技术科学大学和丰桥技术科学大学等学校外,有146人希望就业。实际上有1144个公司来校招录毕业生1359人,是毕业生的9.4倍。这表明,这个学校培养的学生为社会所需要,为经济发展所需要。

2.发展短期大学,培养各种专门人才

继1961年的第38届国会通过《部分修改学校教育法的法律案》,确立了高等专门学校制度后,1964年的第64届国会又通过了一个《部分修改学校教育法的法律案》,使短期大学制度得到了法律上的承认,正式被确定为日本高等教育结构的一个组成部分。

短期大学创建于1950年,但当时是作为一种暂行的应急措施,把一些由于师资水平、设备条件等不能升格为4年制大学的旧制专门学校临时组成2年或3年制的大学,命名为"短期大学"。

然而,短期大学出现后,很快受到社会的欢迎。这是因为战后要求接受高等教育的人数猛增,但由于客观条件和主观条件的限制,并不是所有的人都能进入或愿意进入4年制大学,而短期大学正适合他们的需要,为他们创造了就学的条件。特别是日本经济进入"高速增长"时期以后,短期大学适应新时期的需要,培养出了大批具有各种专业技能的人才,深受企业与社会各界的欢迎。

　　鉴于以上情况,日本的中央教育审议会从1954年到1957年曾三次提出报告,指出应正式承认短期大学制度,使其获得长期存在下去的法律地位。在这种形势下,日本国会在1964年通过了"短期大学制度法案",即在法律上正式承认短期大学是高等教育系统中的一环。

　　短期大学得到正式承认以后,其发展速度更加迅速。到1975年已增至513所,教师为37000人,学生达300000多人,比成立初期增加了20多倍,约占高等学校总人数的1/7。

　　短期大学主要有以下一些特点:

　　(1)重视专门知识和专门技能的培养,从而使培养出来的学生具有实际专业技术,毕业后马上可以进入工作岗位。

　　(2)课程设置、学期安排、授课方式灵活多样,既充分考虑社会的多种需要,又有自己的独创性,从而吸引了具有纷繁多样要求的大量的学生。

　　(3)学费较低,而且基本上实行走读制和二部制,比读其他大学节省费用。

　　(4)设备比较简单,不需要太多的投资,便于筹建。

　　(5)短期大学还有一个突出特点,就是女生占绝大多数。如1975年在短期大学学习的学生中,男生占14%,女生占86%,从而使短期大学成了对女青年进行高等教育的主要途径。这是因为女青年有升入大学的强烈愿望,但相当一部分人又嫌4年制大学时间太长,她们希望能在较短的时间内掌握一种专业或充实自己的文化科学知识,这样,短期大学正合她们的口味。另外,还有一个原因,就是在经济"高速增长"政策下,日本的社会结构、家庭结构等都发生了很大变化,特别是由于振兴幼儿教育、整备医疗体制等一些具体政策的执行,使社会上大量需要幼儿园教师、小学教师和护士等。短期大学适应了这种社会需要,增设了相应的科系,而女子更适合学习这些内容,因此,日本全国518所短期大学中有304所规定只收女生,从而导致了短期大学中女生占绝大多数的情况。

另外,日本短期大学所设的学科和专业主要有以下几个方面:

(1)文、语学、教养方面:文化、国文、英文、法文、文艺、日本史、宗教、教养、人类关系、国际教养等;

(2)法、经、商、社会方面:法律、法学、商业、经济、经营、秘书、社会福利、产业福利、法经、观光、运输等;

(3)理工方面:应用数学、机械、汽车工学、电气工学、电子工学、通信工学、土木工学、建筑、工业化学、航空、摄影应用、情报处理等;

(4)家政方面:家政、生活、生活科学、生活经济、食物、食物营养、被服、服装、服饰等;

(5)教员养成方面:初等教育、儿童教育、保育、幼儿教育、养护教育、体育、保健体育等;

(6)医疗保健方面:看护、卫生看护、卫生技术、放射线技术、诊疗放射线、理学疗法、作业疗法、医疗秘书、针灸等;

(7)艺术方面:美术、造型、造型艺术、摄影、工艺美术、图案设计、生活造型、生活艺术、美术设计、音乐等;

(8)农学、园艺等方面:农学、农业、园艺、造园、园艺生活、农业土木、农业机械、农业经济、畜产等。

总之,日本的短期大学在实施高等职业教育方面确实起了重要作用,为日本培养了大量各种各样的专门人才。

(四)大学校进行的职业教育

1.大学校的类型

日本的大学校分为"省厅所属学校"和"部局所属学校"。前者指"文部省以外的国家行政机关设置、运营的类似学校教育的教育训练设施"。从行政组织的观点看,它是国家行政机关设置、运营的"教育研修设施";从教育组织的观点看,它则是基于《学校教育法》以外的法令"实施类似学校教育的教育设施"。后者指"教育行政厅(作为教育委员会及教育行政厅的首长)以外的地方行政机关所属类似学校的设施",即教育行政厅首长及教育委员会以外的行政委员会、公安委员会等所属的教育研修设施。

大学校有学校型和研修型。其学校型与《学校教育法》规定的各级学校无大区别,主要是设置者有明显不同。大学校在行政组织上虽不属教育行政部门,但它"具备校长和教职员等人的要素和校址、校舍等物的要素,是对受教育者通过一定的课程进行继续的、不断的教育活动的公设或公认的设施",符合学校的条件。

当今,日本中央政府各省厅(不含文部省)及地方公共团体各部局(不含教育行政部门)所管辖的大学校等教育训练设施分属于各个行政部门,涉及从中等教育水平到研究生院水平的广泛范围。这些设施拥有多种多样的教育计划,以培养特定行政部门的国家与地方公务员等各种专门人才,并伴随行政活动的急速发展提供公务员所必需的现职研修及对民间的教育服务为目的。

根据各省厅(不含文部省)设置法或组织令设置的大学校("省厅所属学校")主要如下表所列:

主管部门	设置者	教育、研修设施	设置法令依据
总理府　防卫厅	国立	防卫大学校	防卫厅设置法第 17 条
防卫厅	国立	防卫医科大学校	防卫厅设置法第 18 条
国家公安委员会警察厅	国立	警察大学校	警察法第 27 条
大藏省　国税厅	国立	税务大学校	大藏省组织令第 88 条

主管部门	设置者	教育、研修设施	设置法令依据
厚生省 社会保险厅	国立	社会保险大学校	厚生省组织令第 132 条
农林水产省本省	国立	农业者大学校	农林水产省组织令第 87 条
运输省本省	国立	海技大学校	运输省组织令第 109 条
水产厅	国立	水产大学校	农林水产省组织令第 208 条
	国立	航空大学校	运输省组织令第 109 条
	国立	航空保安大学校	运输省组织令第 109 条
海上保安厅	国立	海上保安大学校	运输省组织令第 177 条
气象厅	国立	气象大学校	运输省组织令第 223 条
建设省本省	国立	建设大学校	建设省组织令第 75 条
自治省本省	国立	自治大学校	自治省组织令第 37 条
消防厅	国立	消防大学校	自治省组织令第 48 条
邮政省本省	国立	邮政大学校	邮政省组织令第 88 条
通商产业省中 小企业事业团	特殊法人	中小企业大学校	中小企业事业团法
劳动省雇用 促进事业团	特殊法人	职业能力开发大学校	雇用促进事业团法

据统计,"省厅所属学校"1983 年为 41 种 81 个设施,由于从 1983 年开始进行行政改革,各省厅的设施等机构进行了调整,即取消或合并,因而有所减少,据日本总务厅告示第 82 号(1991 年 11 月 8 日号外)记载的设施等机关中,上述设施为 36 种 51 个。

2.大学校的教育目的

"省厅所属学校"的设置目的,因教育、研修课程多种多样,难以把教育目的特定化,但依教育目的和教育对象,可分成不同类型。教育对象为公务员和民间人士以及外国人三种,教育目的为养成训练和研修。养成训练是实施通常为 6 个月以上的长期教育,以培养能完成所任职务的合适人才(专门人才),一般来说就学时间为 1 年左右,但也有 4 年和 6 年的大学与研究生院。而研修一是指对公务员进行初任者教育和现任者的新任、现任教育,二是以民间人士为对象学习行政事项的传达、专门知识与信息的传达及专门技能的掌握等短期教育。研修时间以数日至数周的教育训练为多,其中也有数月至 1 年以上的长期研修,其目的在于获得特别的技术和知识。

现将有关设置作以下分类:

教育对象	教育目的	
	养成训练	研修
公务员	干部人才培养 专门人才培养 特殊人才培养	初任者研修新任、现任者研修
民间人士	专门人才培养 特殊人才培养	行政上的联络、调整新知识、信息的介绍
外国人	专门人才培养	考察、一般研修

(1)以公务员为对象的养成训练

1)干部人才的培养

干部人才是指特定领域的干部(候补)人才。如防卫大学校、海上保安大学校的教育目的就是以培养干部人才为宗旨的,是省厅所属学校的一个典型。这种学校招收高中毕业生,通过寄宿制实行严格的长期教育训练(4 年或 4 年半)。

2)专门人才的培养

专门人才是指从事专门性(技术)的高级职务的人员,如税务职员、海关职员、刑务官员、邮政职员、社会保险与雇用保险职员、会计事务与统计事务职员、公共卫生职员,等等。他们大多是由税务大学校、邮政大学校、社会保险大学校等提供各种教育训练课程。以税务大学校的普通科为例,它招收高中毕业生,通过寄宿制实施 1 年的教育训练(1806 学时),并进行 3 个月的现场实务训练,完成这 15 个月的养成训练便可以从事税务职员工作。

3)特殊人才的培养

所谓特殊人才,是指具备公共的专门职员资格的人员,如医师、护士、医疗技师、驾驶员、领港员、航空管制官、海上技师等,医师(医官)的培养,由防卫医科大学校承担,其他特殊人才的培养多为运输省所属大学校承担,其对象又多为民间人士,这也是该养成设施的一个特征。

(2)以民间人员为对象的养成训练

1)专门人才的培养

农林水产省所属的农业省大学校和水产大学校是招收个人志愿者的代表性设施,它们都是同第一产业关系密切的学校。前者招收高中毕业 1 年以上具有实际经验者,接受 3 年的教育训练,后者招收高中毕业生接受含一般教育在内的 4 年教育训练,保证毕业生有进入研究生院的资格。

2)特殊人才的培养

航空大学校、海技大学校属于运输省,大多是培养民间特殊人才的养成设施。其中,航空大学校招收大学二年以上结业者,学习两年以上,不设一般教育课程,以免同大学教育相重复。

(3)以公务员为对象的研修

1)公务员的短期研修

为新录用的公务员及现任公务员提供的研修多种多样,研修课程主要分为一般行政和专门研修及特别研修。短期研修在省厅所属学校提供的教育课程中是最多的,每次研修定员规模也较大。公务员的研修时间,因职务级别不同而长短不一,初任者研修为 28 小时,系长级约 3 个月,课长助理级约两个月,课长级约 6～7 日。

2)公务员的长期研修

国务公务员的长期研修多以养成训练为目的,初任者的教育训练占有相当部分,但现职研修当中也有长期的,其代表性的课程是为晋升上级职阶而组织的"选拔与教育训练"兼而有之的研修课程。税务大学校本科、邮政大学校本科等二年制的教育课程即属于公务员的长期研修。

(4)以民间人员为对象的研修

农林水产省和厚生省的很多研修设施,对民间人员实施传达行政情报、专门情报的研修。在特殊法人中小企业大学校等设施,也设有很多以民间人员为对象的研修课程。

(5)以外国人为对象的养成训练和研修

防卫大学校和自卫队干部候补生学校、水产大学校,同一般国立大学一样接受国费留学生,同日本的公务员和民间人员一起进行教育训练和研修。从对发展中国家援助合作的观点出发,税务大学校、雇用促进事业团以及国际协力事业团的各种中心等,特别设置面向外国人的研修课程。

3.大学校的教育内容与指导

省厅所属学校的教育内容与指导,如同其设置目的多样性,亦不完全相同的。现将其教育内容与指导的分类叙述如下:

(1)分类基准

1)标准化程度

省厅所属学校的教育内容与指导,根据标准化的强弱程度区分硬课程和软课程。硬课程规定教学时数或学分数、毕业条件及内部运营规章,而软课程根据情况适当组成。

2)学科指导与生活指导内容

学科指导在省厅所属学校的教育训练,是以有关业务的专门教育为中心的,此外,还区分是否含有一般教养和体育;生活指导在省厅所属学校的教育训练中,又区分有无学科外的生活指导,根据设施的性质,有学科外生活指导者多为寄宿制的形式。

(2)教育内容与指导的类型

按上述分类基准,省厅所属学校的教育内容与指导可作如下分类:

标准化	强		弱	
一般教养	含		不含	
生活指导	有	寄宿制学校型	训练所型	研修型
	无	大学型	研究生院型 职业训练型	研讨会型

1)寄宿制学校型

此类型的教育训练,含一般教育,按预先规定的标准进行,这一点类似于《学校教育法》第1条所规定的各级学校,但实行全员寄宿制,大力加强生活指导。如防卫大学校本科,以未满21岁的高中毕业生为对象,按文部省的《大学设置基准》进行四年制教育。1、2年级为一般教育科目及专业(理工学、人文社会科学)基础科目,2~4年级学习各专门科目,4年级有毕业研究。毕业条件为132学分加上防卫学23学分共155学分,毕业生有参加研究生院入学考试资格。

2)大学型

此类型的教育训练,同寄宿制学校型一样,含一般教养,类似《学校教育法》第1条规定的各级学校,课程按预先规定的标准进行。但同寄宿制学校型又有所不同,即不把生活指导置于重点,这又同于《学校教育法》规定的一般大学。如水产大学校,以高中毕业生为对象,实行四年制教育,实质上是水产方面的单科大学。教育课程虽同水产系统的国立大学相似,但授课、实验实习、乘船实习的学分数多,故而毕业学分为140~163学分,高于水产系统国立大学的124学分。虽实行寄宿制,但宿舍缺乏教育特色。

3)研究生院型

此类型的教育训练,不含一般教养,不重视生活指导,按预先规定的标准进行专门的教育训练,以研究生院水平的学术训练为特征。如:气象大学校研修部专攻科,以大学毕业生为中心,年龄不满35岁者为对象,从各管区、气象所推荐中选拔。其课程是对预报业务所必需的专门理论进行系统的研修。

4）职业训练型

此类型的教育训练同研究生院型一样，不含一般教养，也不重视生活指导，按预先规定的标准进行专门的教育训练，以注重技术和技能训练为特点。如航空大学校为职业训练型，它以大学二年以上、短期大学或高等专门学校毕业程度不满 24 岁者为对象，实施培养民间航空公司飞行员的基础教育和私人飞机驾驶员的本科（28 个月）和直升机驾驶员的特设科（25 个月）教育。

由于以大学二年以上程度为前提，本科的教育课程不含一般教养课程。

5）训练所型

此类型的教育训练，不含一般教养，按预先规定的标准进行专门的教育训练，重视生活指导。警察大学校，对晋升警部者进行 6 个月的上级干部养成课程。授业的主体是与实际业务相关的专门学科，如宪法、警察行政法等。实行寄宿制，每日的课程有严格规定。

6）研修型

此类型的教育训练，课程标准化程度弱，不含一般教养，类似研讨型。但在培养同期意识和使命感，重视生活指导方面不同于研讨型。如建设大学校本校，以担任建设行政的国家和地方公共团体的系长以上的职员为对象，以培养广泛的行政见识、高度的管理、计划、专门的能力为目的。平均实施 21 天的研修，通过寄宿生活，努力形成相互融洽的人际关系。

7）研讨型

此类型的教育训练，课程的标准化程度弱，不含一般教养，不重视生活指导。如中小企业大学校对中小企业指导担当者、中小企业施策担当者、中小企业主、团体职员等实施养成训练与研修。前二者的对象系国家和地方公共团体职员、指定法人职员、一般志愿者。以短期研修为多，长期只有 1 年的中小企业诊断士养成课程。研修采取讲课、小组讨论、实习等集体研修形式。诊断士养成课程，课程标准化程度比其他课程高，或兼有职业训练型的性质。

日本省厅所属学校的设置和课程内容与指导,富有多样性、针对性和实用性。作为教育训练机构,它同样受学历社会高学历化意识的影响,但它确保了特定领域的人才培养。而以民间人员特别是特殊人才培养为对象的省厅所属学校,同样受产业结构变动和经济景气变化的直接影响,尽管人才培养目的明确,但因社会经济发展的变化其需求也存在重大变化,其发展亦有增有减。不过在教育国际化的形势下,由于省厅所属学校的独特作用,它对发展中国家的教育援助、教育合作、人才交流方面作出了应有的贡献。

综上所述,日本战后初期建立的新学制,是以美国的教育制度为典范的。虽然这种学制在美国已有 30 年的历史,但是,日本同美国在社会情况、文化背景等方面都有很大差别,所以,把它"移植"到日本的土壤里以后,并不能很好地成长,一个最明显的问题就是它"过多地强调了对社会成员的普通教育,而忽视了与此相并列的职业教育"。当日本在经济上还没有完全恢复,政治上没有获得独立的时候,这个问题还不明显,但当经济得到恢复和发展,政治上获得独立之后,职业教育与经济发展不相适应的问题便马上暴露了出来。但值得一提的是,日本政府发现这个问题之后,特别是当各界的有识之士提出各种建议和要求之后,立即着手进行改革,并及时制定了"产业教育振兴法",使职业教育逐步得到了恢复和发展。否则,不仅将影响50年代的经济复兴,甚至将影响到60年代的经济"高速增长"。

从 1955 年到 1970 年为日本的经济"高速增长"时期。这个时期教育政策的重点之一是为满足技术革新、经济发展对掌握新的科学知识和技术的人才的需要,大力发展职业教育,从而使职业教育在这一时期有了很大发展:实施了高中职业教育多样化和"产学合作"的政策;创建了高等专门学校;正式承认了短期大学制度等,培养出了大批初级、中级和高级技术人才。这些人才推动了技术革新的进展,而技术革新又成为产业结构变革和经济发展的动力,从而使日本的经济增长率在 60 年代比美国快 4 倍,比西德快3倍,从一个中等发展国家变成了一个仅次于美国的经济大国。

　　从1970年9月开始,日本经济逐渐进入了所谓"稳定增长"的低速发展时期。在这一时期,日本政府对职业教育进行了一些改革,采取了一些新的措施,还设立了新型的职业技术学校——专修学校。这一时期职业教育的重点,可以说是适应经济、社会的变化,使高中职业教育内容进一步基础化、综合化;使整个职业教育结构进一步灵活化、多样化。这样做的结果,不仅适应了经济发展的需要,也满足了广大国民的要求。

第四章　工厂企业的职业教育

一、美国工厂企业的职业教育

(一)激发工厂企业注重职业教育的原因

50年代末,特别是60年代以后,美国对工厂企业的职业教育十分注重。联邦政府和各工厂企业都为此支付了巨额的经费。受教育者包括新职工、在职职工以及失业人员。这在美国历史上是空前的。触发的原因是多方面的。

1.劳动力的素质不能满足技术革命的要求

50年代兴起的技术革命对劳动力的素质提出了很高的要求。他们不仅要掌握读、写、算的基本技能,有一定文化科学方面的基础知识,还要能掌握先进的技术。美国尽管已经普及高中教育,但据统计中学生中有25%是中途辍学就业的,真正能上完高中的仅75%。即使是中学毕业的学生,由于美国中学的教育质量下降,实际上也并没有达到应有的水平,这些学生不能满足工厂企业的需要。

大学教育同工厂企业的实际脱节的现象也很严重。毕业生在知识、技术和管理能力方面达不到雇用单位的要求。

2.工厂企业的技术改造要求重新培训在职职工

科技革命兴起以来,工厂企业为了保持和增强竞争能力,都在加速技术改造。技术改造以后,有的职工不得不去从事新的工作。例如,汽车业的现代化使大量的汽车装配工闲置起来,其中一部分要改行去做自动化设备的保养维修工作,他们就需要重新学习电气化、自动化、机械学等方面的知识技能。就连办公室工作也是一样,随着电子计算机引进办公室,现在许多办公室工作都由计算机来完成。办公室工作人员就必须通过培训懂得计算机的基本原理,学会计算机的操作技能,才能胜任现有工作。

3.失业现象的严重,也要求加强失业职工的培训

第二次世界大战以后,美国的失业人数呈现逐步增加的趋势。据官方公布的材料,1946 年失业人数为 227 万,1954 年为 357 万,1964 年达456 万,1974 年以后年年在 500 万以上。失业率也逐步上升,1946~1949年平均 4.4%,50 年代为 4.5%,60 年代为 4.8%,70 年代猛增至6.65%,80 年代还进一步恶化。失业问题已经成为严重的社会问题。

失业问题的日趋严重,同经济危机有关,但更主要的是科技革命所引起的产业结构、部门结构和职业结构的变化,同原有劳动力的状况不相适应。在近几十年里,美国农业的比重逐步下降,就业人员减少,大量的农业劳动力要向非农产业转移。第三产业则有很大的发展,吸引着众多的劳动力。在同产业里的各个部门所占的比重也在变化。一些传统部门在衰退,一些新兴部门在兴起。例如,钢铁业、建筑业、汽车业、公共工程等部门所需劳动力下降,失业问题严重。据 1982 年统计,钢铁业失业率为 33%,汽车业为 21.7%,建筑业为 20.0%,均高于全国的平均失业率(10.4%)。而同时,一些部门又有多余的职位,招不到合适的工人。这种现象是由于失业人员的知识、技能不能满足新岗位的需要而造成的。如果不进行适当的培训,失业人员就将长期滞留在失业行列而找不到出路。

为了振兴经济、解决严重的失业问题,加强工厂企业的职业教育是势在必行的。

(二)政府的参与和工厂企业的重视

工厂企业的职业教育能在近几十年内迅速地发展起来是得力于政府的参与和工厂企业的重视。

美国政府自 50 年代起多次通过立法,参与工厂企业的职业教育。

1958 年通过的国防教育法,要求"有计划地对青年、成年、高龄者开

办职业训练、技术训练、再训练,包括为徒工讲授有关科目,使之成为科学技术领域的专门人才或熟练工人",并决定在以后的 3 年内,对科技人员和熟练工人进行培训,为此每年支付经费 1500 万美元。

1963 年通过的职业教育法案,要求扩大职业教育的受教育者的范围,对渴望就业者、有工作经验者,以及要求提高工作能力者按工种进行培训和再培训,并对这种培训予以资助。

60 年代以来,美国国会和联邦政府颁布了几十个人力培训法和人力培训计划。其中"地区发展法"(1961)、"人力开发与培训法"(1962)、"综合就业培训法"(1973)、"就业培训合作法"(1983),都很强调职工的培训。其目标是:①提供就业调查,包括职业定向和咨询;②提供教育和技术培训,使受培训者提高素质适于进入劳工市场;③创造新的就业岗位,扩大就业面;④提供在职培训和自谋职业培训;⑤把靠福利费过活的人变成自食其力的工薪领取者。

为了推动职工的技术培训,联邦拨出了巨款。据估计,1962 年开始实行"人力开发与培训法"以来,联邦在职工培训方面花费的经费有 800 多亿美元。

为了改善职工的职业教育,1978 年,在联邦赞同下,全国建立了 460 个私人工业委员会,具体负责此项工作。私人工业委员会由企业家控制,地方官员作为普通成员参加。由委员会同联邦签订承包合同,然后再转包给各私人企业和社团。目前全国承包的单位有 10 万个,成了一个规模很大的网络。

工厂企业对职工的职业教育亦有很大的积极性。据称,莫托罗公司曾投资 20 万,培训机械工程师,推动了生产发展,获利 600 万美元。因而该公司决定要从职工的工资总额中提取 1.5% 作为教育基金。

(三)工厂企业职业教育的课程计划

工厂企业的职业教育是很灵活的,课程计划是多种多样的。主要的有:

1.入门培训

对象是新职工,多数是中学毕业生,亦有改变职业的成年人。工厂企业很重视中学毕业生的入门培训。中学生在中学已接受过一些职业教育,对将要从事的工作有一定的了解。但是,由于现在中学的职业教育趋于学术化,主要是介绍职业性质,在社会上的地位等,而放松了技能训练。所以,毕业生录用后还要经过短期的生产技能训练才能上岗操作。培训时间一般为几个星期或几个月。

2.在职培训

对象为在职职工。培训的目的是改进技术,提高工作效率,培训有很强的针对性。美国的研究人员对各类职业的岗位要求作过仔细的分析,明确规定他们的岗位职责,以及所必需的相应的知识和技能。在职培训计划是在这基础上制定的,采取小步骤逐步逼近的办法。

培训的方式有短期的,也有长期的。主要是通过夜校、函授来进行的,也有各种讲习、研讨班。

3.升级培训

对象是即将提升技术职务和行政职务的在职职工,其目的是使之熟悉未来的工作,以便晋升后能较快地适应工作岗位的要求。

工厂企业对这种培训非常重视。据经济学家估算,美国全部培训经费中有 5% 用于这种培训。

4.业务进修

这类培训一般由政府和工厂企业选拔,并予以资助,使之到国内高等学校或到国外去作一定时期的进修。其目的是使受训者系统地掌握一门新的技术,研究攻克一些技术难关,开发新产品等。

5.再训练计划

其对象是工厂解雇的工人,其目的是使他们学会一种新的职业所需要的知识、技能,以便重新就业。由于美国存在着严重的失业问题,故对这类培训十分重视。为此,联邦政府每年要向州政府支付 2.4 亿美元,支持地方上开展再训练的计划。

(四)工厂企业职业教育的办学形式

工厂企业的职业教育有 3 种办学形式:

1.工厂企业办学

不少工厂企业为了培养本单位的在职职工都开办学校,近几年来还把注意力放在高等教育这一层次。其形式也是多样的。

国际商用机器公司每年用 9 亿元办高等教育,由本公司的职员任教,讲解本公司的产品性能及生产经营管理之道,定向培养本公司所需要的技术人员。

美国通用汽车公司创办通用汽车公司工程和工业管理学院,设有机械工程、工业工程、电机工程和工业管理 4 个专业,学制 5 年,培养本公司所需要的工程技术和工业管理人才。入学者要先经学院选拔,由学院向公司有关单位推荐,经公司审查后才能入学。学生入学后实行半工半读,一面学习系统的基础学科,一面在公司的有关单位工作。这样就可以使学生在学习时就能熟悉公司的情况、个人的职责,并根据自己的兴趣和能力对未来的职业作出抉择。学生工作期间由公司支付工资,第 10 学期由于学生实际上已成为公司的雇员,由公司付给全薪。

在一个工厂企业办学有困难,也可以几个工厂企业联合起来办学。

工厂企业办的学院,现在已成为不可忽视的力量。从企业办的学院所得到的学分可以转换成大学学分。有 20 个企业办的学院开始颁发学位证书。

2.工厂企业和学校联合办学

这种办法称为合作教育,在中等教育和高等教育里都有。据报道,科罗拉多州的全国技术大学是由 18 家企业和两所名牌大学联合举办的。由工厂企业资助经费,依托学校进行教学工作。这类学校一般也是实行半工半读的。

3.高等学校参与工厂企业的职业教育

在 60 年代以后,高等学校也注意吸收在职职工进校学习。在大学生中成年人的比例正在逐步提高。据统计,现在大学、学院、社区学院学习的成年人约占注册学生数的 29%。他们利用业余时间在读部分时间制的学位课程。

学院和社区学院还为工厂、企业的职工开办各种有学分的短期课程,帮助他们丰富知识提高技能。

现在美国的高等学校同企业的联系还在日益加强。其联系的方式有:①学校与企业一起探讨共同关心的问题;②工厂企业为学院提供奖学金等资助,物色未来的工作人员;③学校同企业合作搞科研,或从企业承接科研项目;④参与企业对在职职工的培训。据 1984 年统计,全国有半数的学院在为企业培训职工;⑤联合开设学院课程。

二、英国工商界推行的专业技术教育

英国工商界的许多专业机构和职业团体,为英国的专业技术教育也作出了很大的贡献,如"伦敦市区成人教育协会"的活动就是一个典型的事例。但就技术人员的培养和训练来说,"技术员教育协会"(TEC)和"商业教育协会(BEC)"无疑是英国工商界推行专业技术教育和训练的最重要的职能机构。

(一)TEC 与 BEC 产生的背景

70 年代以前,英国的技术员培训课程是分别由"伦敦市区成人教育协会"与"普通国家证书、普通国家文凭和高级国家证书、高级国家文凭联合会"提供的,这造成了技术员培训课程结构上的重复和混乱。为了解决这一问题,1967 年在教育和科学大臣的要求下,"全国工商业咨询委员会"专业组成一个委员会检查各级技术员课程的实施状况,以寻找改造现有课程结构和考试体制的有效措施。1967 年,委员会提出报告,认为现行的技术员课程结构和考试体制既不能满足现有的需求,也不能适应未来新的变化。为此建议在工、商界分别成立一个新的全国性管理协调职能机构——"技术员教育协会"(TEC)和"商业教育协会"(BEC),来规划、管理和检查为工商界技术人员所提供的全国统一的技术教育课程。

政府采纳了报告的这一建议,在 1973 年 3 月正式建立 IEC;于 1974 年 5 月又成立了 BEC。在 1977 年 2 月,TEC 受命开始在工艺和设计领域提供技术员课程,并为此还专门成立了"工艺和设计委员会"(CAD)。至此,TEC 和 BEC 这两个机构开始对英国专业技术教育的发展和变化产生重大影响。[①]

(二)TEC 的职能与它的课程模式

1.TEC 的组成及其职能

TEC 有 27 名成员,分别来自继续教育、高等教育、工业职业团体、鉴定机构、地方当局、产业训练委员会和工会,具有较广的代表性。协会的职能是:确立标准、审批课程、颁发证书、普遍地推动英国技术员教育的发展。尽管协会很关心学业评估,但它主要还是把自己看成是一个课程审批与证书授予机构,而不是考试机构。

为了能发挥其职能,TEC 实行委员会制,这个体制由 2 个常设委员会(一个主管教育,另一个主管资源和组织)、3 个部门委员会、工艺和设计委员会、22 个"课程计划和学科领域委员会",以及一系列专家小组和工作小组构成。这些委员会与小组的活动涉及到技术员教育的各个领域。在这一委员会体系中工作的人员达 400 人之多,分别来自继续教育的学院、工业职业团体、鉴定机构、技术员组织和产业训练委员会。这 3 个部门委员会以及工艺和设计委员会的工作,分别涉及 4 个主要学科领域:工程学、建筑、自然科学、工艺和设计。在它们之下,22 个"课程计划和学科领域委员会"的活动所涉及的个别学科还有:计算机工程、燃料工程、海运学科、生命科学、就业训练等。

TEC 的活动经费最初全由教育和科学部资助,后来它成了自助机构,协会的经费主要来源于学生的注册费。

---

① 在 1982 年,TEC 和 BEC 宣布它们打算合二为一,组合成一个国家证书颁发机构,称之为"商业与技术员教育协会"。在各界的支持下,从 1983 年 1 月起就着手两个机构的具体合并工作。

2.TEC 课程的模式

(1)课程形式。TEC 授予的 4 种资格是:普通证书、普通文凭、高级证书和高级文凭。这 4 种资格形成相互衔接的 4 个等级。这一系列的资格既表示了不同的操作水平,又表现了不同的学历。要获得 TEC 资格的途径是多种多样的,资格课程的形式有全日制、部分时间制、连续性间断脱产学习制、阶段性间断脱产学习制、工读交替制或夜间制。课程学习采取何种形式由学生自选。此外,TEC 课程还采用开放学习制,即学生的学习可以结合函授或有指导的自学进行,这就不必定期来学院参加学习。

(2)课程要求。在学习 TEC 资格课程的学生中,学习普通证书课程的占大多数。注册学习这类证书课程的条件是:学完 5 年中学课程,达到课程委员会所要求的标准。普通证书的水准在"伦敦市区成人教育协会"的 CGLI 一级技术员证书与二级技术员证书之间,相等于"普通国家证书"。学生取得证书的学习时间取决于所采用的学习方式,如一个典型的连续性间断脱产学习制课程需 3 年(约 900 个学时)才能完成。TEC 普通文凭课程的注册条件和技术教育内容与普通证书很相近,所不同的只是文凭课程的学习范围更广。对一般学生来说,完成这一课程需花 1500－1800 个学时。成功地学完 TEC 普通证书课程的学生,可在再继续修完几个必修单元后获得 TEC 普通文凭。

注册学习 TEC 高级证书课程和高级文凭课程的入学要求是,TEC 普通证书或普通文凭的持有者,或是根据"一般水平"或"高级水平"的"普通教育证书"。要完成 TEC 高级证书课程,一般学生需花 600 个学时。TEC 高级文凭课程的领域更广,要完成它得花 1200～1500 个学时。因此,对高级证书,学习通过两年的连续性间断脱产学习制课程学习就可获得;但若要获取 TEC 高级文凭,得通过两年的全日制课程学习或 3 年的工读交替制课程学习。

(3)课程安排。绝大多数 TEC 课程采用单元制,证书课程计划一般由 15 个单元组成,文凭课程计划则由 25 个单元组成,每个单元学生得花

60个学时才能完成。所采用的单元基本上有两种：一种叫做"标准单元"，由 TEC 课程计划委员会设计，所有的学院都可采用；另一种叫做"学院设计的单元"，由一二所大的学院设计。在一个特定的课程计划里，有些单元是必修的，有些是选修的，有些则是"补充单元"。学习补充单元可获得另一个课程计划的学分。为了帮助学院编写教学单元，TEC 颁发了审批方针，这些指导方针要求每一个课程计划的方案须把课程目标陈述清楚，这包括要求学生掌握的知识和技能、与之有关的职业；每个课程计划的方案都必须有教学大纲以及评估的方法。IEC 还要求在证书和文凭的全日制课程计划中，须把"产业经验"（不管是真实的还是模拟的）包括在内。

为了便于学生顺利地学完一个又一个课程计划，TEC 从 1975 年起把"级"的概念引入 TEC 的证书和文凭课程。简单说来，这是使一定的"级"与一定的单元相对应。在一课程计划的学习中，一定"级"的单元完成之后可用作下一级单元学习的"资格"。这就是说，只有先学完这一级单元后才能深入继续学习下一级单元。一般说来，学习一级单元的先决条件是"中等教育证书"；学习二级单元的先决条件是"一般水平"的"普通教育证书"；学习三级单元的前提是完成二级单元。为了保证质量、统一学术水准，TEC 规定了取得证书和文凭所需的最低的 3 级单元数。

（4）课程学习的评估。只要基本的要求得到满足，TEC 一般愿意给学院充分的自由来设计它，以为某课程计划或单元学习最合适的评估程序。尽管从理论上讲理想的评估程序应为——以 TEC 实施的完全的外界评估到校内评估与校外考试相结合，但实际与之相差甚大。现实是由于缺少资源 TEC 不能提供校外考试。因此，TEC 只能被迫采用一种控制校内学业成绩评估程序的复杂制度。经 TEC 批准的课程计划，其有效期为 5 年，一旦课程计划得到实施，由校外监考员前去维护标准。这些校外监考员的职责是监督检查各课程计划的实施情况，向 TEC 报告进展情况，并认可学生的学习成绩。虽然大多数监考员是兼职的，近年来 TEC 还是任命了一批专职的监考员来协调其工作。

(三)BEC 的职能与它的课程模式

1.BEC 的组成及其职能

BEC 有成员 24 人,约一半人代表教育界,另一半人代表商业方面的有关各方。BEC 在财政上也是一个完全自助的机构,其经费来源于学生的注册费。像 TEC 一样,BEC 也发行大量出版物,这包括政策文献、详细的课程教学大纲以及《BEC 通讯》。

BEC 的职能与 TEC 很相似,负责规划、管理和检查(为就职于商业和公共管理部门的人提供的)那些全国统一的非学位课程及其实施。

BEC 的结构为:下设三个委员会,它们是"教育委员会","财政和一般目标委员会","就业后委员会"。教育委员会主管政策的贯彻实行和新课程的开发工作,在它之下又分设 4 个学科委员会,分别负责各课程和教学大纲的设计或审批。第一个学科委员会是"商业学科委员会",负责监督检查为那些欲就职于商业、制造业和服务性行业的学生开设的非专业化课程;第二个是"财政部门学科委员会"负责会计、银行和保险行业就职人员的培训课程;第三个是"销售学科委员会",负责向已受雇于或希望受雇于批发和零售业的人提供训练课程;第四个是"公共管理和公用机关学科委员会",负责非产业的公共机关(如中央和地方政府、医院的行政管理部门)工作人员的培训课程。每个学科委员会都由一定比例的教育专家、雇主、外边请来的课程开发顾问组成。此外,为了能对某些跨学科委员会范围的课程提供建议,还设立了一些"专家委员会",如"秘书学科委员会",它负责设计和审批培训打字员和秘书的秘书学单元。1982 年之后,尽管上述四个学科委员会在课程发展方面仍起着重要作用,但其职能逐渐转为咨询性质。

2.BEC 课程的模式及其特点

BEC 授予的三级资格是:"BEC 普通证书和文凭"、"BEC 国家证书和文凭"、"BEC 高级国家证书和文凭"。每一级资格分设证书课程和文凭课程,文凭课程的内容要比证书课程广一些。这些资格的授予对象主要是 16—21 岁的学生和一些年龄稍大的在职人员。

BEC 课程的学习途径是多种多样的,除全日制和部分时间制的课程外,还有"有指导的自学课程"和函授课程。学生可以根据自己的情况自由选择。

除上述三级资格课程外,BEC 近年来还根据商业经济和技术的发展,在"就职后"领域开发了一批在职培训新课程。其中有"管理学科证书课程"、"会计师证书课程"、"海外贸易证书课程"、"商业管理证书课程"和与 TEC 联合引进的"计算机学科国家证书和文凭课程"。这些课程主要是为熟练职工开设的,目的是为了更新其知识,为那些想更换职业的人和在中断工作一段时间后想重返工作岗位的人提供再培训的机会。

BEC 课程的特点,概括说来有以下这些:第一,课程由必修核心单元和选修单元组成;第二,每个单元既详细说明总目标,也指定学习具体目标;第三,每个单元包括基于课程目标的学生作业,而且作业与商业工作经验相联系;第四,课程具有整体性,学习内容相互联系;第五,学业成绩评估不单单依据笔试结果,较注重学生对所获知识、技能的相互联系能力和应用能力;第六,每年 BEC 任命一批校外人员来学院监考,保障BEC 课程认可条件得到满足。

BEC 在课程管理上与 TEC 的区别在于:BEC 不单是一个课程审批机构,还是一个考试团体,它对许多课程组织自己的考试。这表现在:"普通"资格课程由 BEC 组织全国统考;"国家"资格课程则在学院内检查,但须接受 BEC 的监考;"高级国家"资格考试则由学校设计后送交BEC 审准。

(四)TEC 和 BEC 的影响及贡献

多年来,TEC 和 BEC 为英国工商业培养了大批技术人才。据统计,到 1983 年为止,学习 TEC 课程的学生总数已达 27 万人,学习 BEC 课程的学生总数也达到了 18 万人。单 1981 年一年,注册学习各种 TEC 课程的学生就有 9.2 万人,注册学习 BEC 各级各类课程的学生达 5.2 万人;而其中注册学习 TEC"高级证书"课程和"高级文凭"课程的学生总数达

26650 人，注册学习 BEC"高级国家"资格的学生达 9 千人。由此可见 TEC 和 BEC 对英国专业技术教育的发展所起的影响和所作的贡献。

三、日本企业内的职业教育

日本的职业教育，除了学校教育机构进行的以外，企业内的职工教育占有重要地位。

所谓企业内的职工技术教育，即企业对其职工进行的从录用到退休为止的长期的教育训练。其内容，除了专门的技术教育、技能训练以外，还包括经营教育、提高办事能力的教育以及作为企业职工的品质教育等等。而且，进行教育的场所不只限于企业内部，派职工到大学或其他企业去接受教育，也被认为是企业内职工技术教育体系中的一部分。

因此，日本各企业对职工教育非常重视。各企业规定生产第一线的工人和各级干部，都必须经过严格的训练，熟练掌握必要的技能，并经考试合格后才能上岗位。工人改变工种时，也要先接受培训，技能达到要求后才能担任新的工作。

日本的大企业大多单独设有专门的教育机构，中小企业由于条件差一些，一般是联合起来对职工进行相应的技术业务和管理业务教育，以提高他们的技术水平和管理能力。新日铁的八幡钢铁厂，共有 19000 名职工，设有面积为 12000 平方米的培训中心，可同时培训 2000 名工人，另外还设有一个培训中层干部的中心，可同时培训 300 人；松下电气公司则设有"松下电气工学院"、"松下电气商学院"；东京电力公司设有"东电学园大学部"；日立制作所设有"日立京滨工业专科学校"等等。各企业都努力使自己的职工逐步成为精通技术业务的工作人员，从而使本企业的生产做到高效率、优质、安全、低成本，以保持竞争的力量。

另外，国家也很重视和扶持企业的职工技术教育，长期以来给予大量的投资。充裕的投资，对企业内职业教育稳定而又迅速的发展提供了重要的物质保证。

（一）企业内职业教育的体系

在日本，很多大企业自行制定了企业内的职业教育体系，按照职能、阶层等，规定具体的教学计划，有目的、有计划地培养职工、技术人员、经营者和管理者。例如，延玛公司的《教育训练规程》规定：教育训练的体系分为两类，一类是职能类别的教育体系，包括基础教育、中级教育、高级教育、特别教育；另一类是阶层类别的教育体系，包括新职工教育、骨干职工教育、监督者教育、管理者教育和经营者教育。

由于企业内的职业教育体系是各企业为满足自己的需要而建立的，因此，各企业不尽相同。但归纳起来，其主要内容不外乎以下几类，即工人教育、技术人员教育和管理人员、领导人员教育等。

1.工人教育

日本的新工人入厂后，一般都要经过半年左右的教育和训练，专业性强的要经过 9 个月到 1 年的教育培训。其目的在于使新工人了解该厂各方面的情况，如生产目的、经营方针和历史以及熟悉工作环境，懂得各项规章制度，为更好地参加生产作好各方面的准备。这种教育培训分为入厂教育、业务教育、专门训练、车间教育和现场实习等几个阶段。

入厂教育，时间通常为一周左右。主要内容是介绍工厂的基本情况，如劳动条件、劳动组织、工资形式、福利待遇、规章制度等。通过这些介绍使新工人初步地了解工厂概貌，坚定工人在该厂工作的信念，为将来工作做好思想准备。

业务教育、专门训练和车间教育是培训新工人的主要环节，内容较多，时间较长，一般为 3 个月左右。主要内容是有关工人将来进行各种工作业务知识和生产技术。

现场实习一般是在教育培训的最后阶段进行，时间大约 2 周左右，内容主要是把在业务教育、专门训练和车间教育中学到的知识和技术予以实际操作和应用。

在 50 年代和 60 年代前半期，日本企业内培训技工的教育设施主要是以初中毕业生为对象的各种学校和工业高中。据1951年劳动省调查，企业内的各种学校有226所。其中设施、设备及教育内容等方面都比较完善的有丸善石油工学院、积水化学高等工学院、松下电器工学院等。这些学校的招收对象是初中毕业生，学制2～3年。它们根据自己企业的特点，紧密联系生产实际进行职业教育，同时，也进行道德教育。

日本企业内的工业高中，据1951年劳动省调查有35所，以后因转公立或停办，到1959年还剩14所，其中较为著名的有印刷工艺高中、模范高中、石川岛工业高中和大阪纤维工业高中等。

自60年代中期起，日本高中入学率急剧上升，即初中毕业生直接就业的人数急剧下降。这样，使企业内技工教育的渠道变得狭窄起来。因此，一些企业开办起以高中毕业生为对象的短期大学程度的教育设施，以培养程度较高的技能工为目的，如关西钢铁短期大学等。80年代，一些企业又创办大学，还有的企业创办了可授硕士学位的研究生院。这是企业内职业教育发展的一个重要阶段。

2.技术人员教育

日本企业内的技术人员，虽然都是大学毕业生，但是，被企业录用后，仍需要接受一系列的教育和训练，以掌握工作中必要的知识和技能。

一般情况下，大学毕业生到企业后，首先要去生产第一线当工人，有的还要到销售店去服务，以取得生产和销售的实际知识。在此基础上，由有经验的技术人员或基层干部指导，从始至终去完成一项技术工作，取得从事技术工作的实际经验。同时，指定他们学习本专业的技术基础知识和专门技术知识，并给以指导和讲解。之后，根据实际工作能力和理论知识给以考核。例如，新日铁公司规定大学生入厂3年内要学完《钢铁制造基础》(共四册)，然后结合实际能力进行考试，合格者取得"主事"资格(相当科员)。3年到8年内要学完《应用工程学》，掌握更深的专业知识，培养独立解决技术问题的能力，经过考试合格者取得"副参事"资格。8年到15年内，要求精通本专业的技术，扩大边缘科学技术知识的学习，培养组织管理能力，进行较深的专题研究，如果有条件还要派到国外参加科学技术交流,经过考核合格者取得"参事"资格。

在日本,技术部门、生产部门、科研设计部门中行政领导和技术领导是统一的。行政领导本身就是精通技术的技术人员。他们不仅有职、有权、有责,而且有领导技术的能力。因此,上级放心让他们工作,下级也听他们的指挥。也正因为如此,技术人员的教育很受各企业的重视。

3.管理人员、领导人员教育

日本各企业对管理人员、领导人员的教育也很重视。据日本经济同友会调查,1961—1963年间,98％的企业对中级管理人员进行培训,72％的企业对高级管理人员进行培训。其目的在于使他们掌握作为管理人员、领导人员所必需的知识和能力。培训方法是在企业内的培训中心或研修中心,对各级管理人员进行定期轮训或开办专题讲座。如松下电器公司的培训中心,企业管理技术一门就设有25个专题讲座。

同时,还在工作中对管理人员进行培养。如新日铁在把一个优秀的工长提升为作业长之前,有一个预备作业长进修制度,脱产训练6个月,其中1个月学管理方法,4个月学作业长基础知识,1个月在现场跟着老作业长实习。经过半年培训考核合格后,才能担任作业长。因此,这些作业长都具有丰富的实践经验,掌握本工段的技能,有一定的管理能力,能独立解决本工段通常发生的问题。

一般情况下,各企业对于股长以上的管理人员,不强调向专门方向发展,而是强调掌握全面的管理技能。因此,对他们实行定期调动的制度,比如当课长的,今年在这个课,一二年后就换到另一课。经过各类岗位锻炼,成绩优良的,才有可能提升当副部长和部长。他们认为这种办法有三条好处:一是可以调动管理人员的积极性,因为不断调动工作,不断接触新的领域,可以使他们对工作有新鲜感,同时促使他们不断学习;二是利于开阔干部的视野,培养他们的全面综合能力;三是可以从中考察挑选干部。

日本企业对经理、厂长一级领导人员的素质要求,可以概括为如下几点:第一,必须身体强健,精力充沛,能应付不断扩大的业务负担和变化莫测的经济形势;第二,富有理想,有独创精神,能在竞争时代不掉队;第三,擅长处理人与人的关系,具有全面调动职工的个性和能力的素质;第四,通晓企业全部实际业务,是善于综合管理的多面手;第五,要有广阔的眼界和高度的才能,能够深刻体察世界市场的形势,具有开发高、精、尖技术的知识,能走在时代的前头等等。为使领导人员达到这些要求,一些企业主要采取以下一些办法:一是出国考察。每年都要派一些人到外国去,开阔眼界或做专题考察;二是请学者、专家、教授讲课或当顾问;三是参加社会经济团体组织的企业之间的经济交流;四是在本企业的研修中心进行专题研究总结。

(二)企业内职业教育的方法

1.企业内的教育方法

在日本,企业内教育被看成是提高生产率的投资。为了提高这种投资的效果,他们把各种教育方法运用到了企业教育中。而且,根据教育内容的不同,所采取的教育方法也不同。归纳起来,他们把教育内容分为三大方面:智能教育、技能教育、感性教育。然后,根据这三方面的内容,分别实施独自的教育方法。

(1)智能教育

智能教育是培养、促进智能活动的教育。智能活动,是备置理智活动的材料,以及使用那些材料解决问题,创造新的事物。智能教育就是培养这种能力的教育。而且,智能教育又被进一步细分为:事实和概念的教育,思考、解决问题及创造性的教育两部分。

事实和概念的教育:人的理智活动,是以事实和概念为材料的,一个人无论头脑怎么好,如果不具备事实和概念,学习就不成立。在企业内教育中,以使听讲者正确地理解、记忆事实和概念为目的的教育,占有相当一部分,如教授公司的历史和营业的实际情况、教授商品知识等教育,都属于这部分。在进行企业内教育时,为了教授新的概念,要先教授各种具体的事实,作为其导入,或者相反,为了使他们正确地认识复杂的事实,要利用易懂的概念。因为在人的理智能力中,对于事实的认识和概念化,是互相联系着的,所以,把两者交叉在一起进行教育,容易收到教育的综合效果。但是,虽然事实和概念间有着深刻的联系,考虑教育方法的时候,还是把它们分别处理比较方便。

教授"事实"的教育方法:

1)把准备教授的一系列事实,排列成合适的顺序,分为适合一次学习的单位;

2)诱导听讲者,使他们的第一次试行(指最初的读、记、写),能引起正确的反应;

3)强化引起的正确反应,及时改正引起的错误反应:

4)让听讲者复习,直到确实地掌握了事实;

5)指导听讲者评价自己的反应和进步。

教授"概念"的教育方法:

1)把准备教授的一系列概念,排列为合适的顺序,分成适度的单位;

2)鼓励、指导探索行动;

3)让听讲者考虑如何把学到的概念应用于经验的事实;

4)使概念有正确而简洁的意义;

5)给予应用问题,使他们学习其概念的应用方法;

6)指导听讲者自己评价学到的一系列概念是否是恰当的。

由于事实和概念两者之间有着密切的关系,所以教育方法也很相似。因此,进行概念教育的时候,也要灵活运用事实教育的强化和复习的原则。与事实教育不同的地方,只是进行概念教育的时候,要抓住一些经验的事实的共同特征,把它们抽象出来,概念化。同时,让听讲者对照经验的事实,正确地理解概念的意义和内容,以及实际应用,是很重要的。例如,在学习统计的质量管理入门课程时,关于标本和母集团、母平均和标本平均这些基本概念,如果开始就含糊地过去了,以后的学习效率就要受到很大阻碍。在学习的开始阶段,不要一次连续给予多量的概念群的理由就在于此。日本一位教育界的权威,看了一个大企业的职工教育计划后,指出:"由于内容太多,反倒要削弱效果",这也是指的以上这个问题。

解决问题的教育:使学习者具备有关事实和概念这种理智活动材料的教育,可以说相当于向人类头脑这个电子计算机输入数据的活动,对此来说,提高解决问题能力的教育,相当于处理输入的数据,使计算数据的解答具有高精度的活动。在企业内教育中,这方面的教育很重要。理智活动所必需的材料,在学校是可以"输入"的(当然也有只有在企业内才能"输入"的材料),但怎样解决企业内产生的各种问题,最合适的是在企业内进行教育。当然,一些基本的解决方法,在学校教育中也可以教授,但真正实用的教育,还是企业内的教育。

提高"解决问题的能力"的教育方法:

1)使听讲者观察全部问题状况,把可能解决的问题突出出来;

2)限定一些问题,指导听讲者正确地记述;

3)指导他们发现解决问题必要的信息和方法;

4)指导他们正确地解释、分析、应用信息和方法;

5)指导他们为解决问题立定假说,正确地记述它,并验证它的正确与否;

6)鼓励听讲者独立地发现和评价解决问题方法的行动。

开发创造性的教育:在解决问题的过程中,要求有些创造性。企业内产生的问题,有很多是常规性的问题,对于这些问题,有操作标准书和工作入门书,用刺激——反应的处理方法(例如:如果计时器显示了异常高压,就打开阀门),是可以解决的。关于常规性的问题,概念教育比解决问题的教育更为适用。解决问题的教育,是以不是常规性的问题为对象的,换句话说,是要求以创造性的问题为对象的。因此,为了灵活运用前面所讲的教育方法,也要考虑开发创造性的方法。

"促进创造性"的教育方法:

1)经常鼓励独创的想法和表现;

2)具有多种观点和具有灵活性的想法,比效仿赞同他人更要受到鼓励；

3)指导听讲者具有明确的目标。

(2)技能教育

如果把人认识环境的活动,看作智能活动的话,人对于环境所做的工作,就是技能。如果这样理解技能,人所从事的固定工作的技能,是专门技能；人对于他人和社会所从事的工作的技能,是社会技能；对于问题的事实和现象所做的工作的技能,是判断技能。所说的技能,常常被使用于如此广泛的范围。但是,日本企业内教育中所说的技能,不是这么广泛意义上的技能,而是专门指活动躯干、四肢、手、指等整个身体或各个部分,并进行一定的工作,专门被称为精神运动的技能,相当于所说的熟练工所具有的本领。

进行技能教育的方法：

1)在进行技能指导之前,分析要教授的技能的内容(作业分析)；

2)示范正确的动作；

3)让听讲者口述、实际操作初级的动作；

4)给予适当的课题,使之实习；

5)分散进行教授；

6)让听讲者明确认识正确的动作和正确的成果,以及错误的动作和错误的成果；

7)使他们学会评价自己的动作。

在技能教育中,分析所要教授的技能内容特别重要。经过操作分析,可以制作教育用操作分析表,然后,根据操作分析表进行示范,让听讲者反应、实习。但是,在实际训练的时候,要做很多这种部分操作,如果一次都教授了的话,反而效果不好。经验证明,分散练习比集中练习好。如果一次教授的内容过多,彼此互相干扰,就会抵消学习效果。因此,最好是分成适当的分量小单位地教授。

(3)感性教育

日本的企业内教育,除了上面讲的内容以外,还有一个重要方面,就是感性教育。他们认为,智能关联认识方面,技能关联行动方面,而感性则关联控制认识和行动的工作。因此,在企业内教育中,他们也比较重视这个问题。

感性教育又被进一步细分为:态度和价值感的教育、人的形成的教育两部分。

态度、价值感的教育方法:

1)明确应掌握的态度、价值;

2)使其态度、价值感有明了的意义;

3)积累与其态度、价值与深刻关联的经验;

4)指出听讲者中的具有整体感的令人满意的人物(具备应掌握的态度、价值的人);

5)提供关联其态度、价值的愉快的感情体验;

6)给实践和加深确信预备合适的情况;

7)为了容易理解和接受,灵活运用集团技法;

8)鼓励具有所希望的态度、价值感和涵养的人。

人的形成的教育:日本人认为,感情方面最集中的工作,是人格的陶冶问题。对于人来说,人格的统一,是最高的价值。同样,对于企业内教育来说,培养具有统一的人格的人,是最高的价值。

促进"人格统一"的教育方法:

1)使听讲者坦率地表明感情和价值感;

2)创造没有不安感觉的环境;

3)使之具有理解自己、感受自己的勇气;

4)使之设定现实的目标,并加以援助;

5)对于纠葛情况,试行合理的处理方法;

6)预备实践和使之能够具有自信的情况;

7)为了容易理解和洞察,灵活运用集团技法;

8)鼓励听讲者为做到人格的统一进行锻炼的行为。

以上就是日本企业内的教育方法。教育方法与教育技法是相对应的,因此,下面介绍一下日本在实施企业内教育时所使用的教育技法。

2.企业内的教育技法

教育技法,是在进行各种教育时所用的具体手段,其内容是多种多样的,但无论哪一种技法,实质上都是为达到教育目标的教育方法。因此,运用教育技法时,要对照教育方法,确认在哪个方面是有效的之后再使用。

教育内容或教育目标同教育技法存在着以下联系:

(1)适合事实和概念教育的教育技法,有讲解法、公开表演、参观等;

(2)适合提高解决问题能力的教育技法,有事例研究法、课题法等;

(3)适合开发创造性的教育技法,有集体创造性思考、等价变换的思考法等;

(4)适合技能教育的教育技法,有实习或练习、工作教授法、模拟训练等;

(5)适合态度、价值感及人格统一教育的教育技法,有集体讨论法、集体决定法等。

现将这几种教育技法简单介绍如下:

(1)适合事实和概念教育的教育技法

1)讲解法。这种技法的成功与否,完全取决于讲演者的讲述,因此,讲演者特别要注意以下几点:①准备教案。对课程的顺序安排、讲什么、讲多长时间、中心的事实和基础的概念是什么、听讲者难以理解的地方和容易搞错的地方是哪里等问题,事先要明确的认识;②把具体和抽象的问题适当地搭配在一起。因为如果讲述的始终是抽象的概念,听讲者就难以理解。所以,为了说明抽象的概念,首先要从说明与此有密切关联的实例入手,接着把它抽象化,来说明要解释的概念。然后再返回具体,指出实际应用其概念的实用例子;③遵从自然联想进行讲述。

2)公开表演。这是为了使听讲者更好地理解抽象的概念而进行的。例如:在讲解可燃性气体的处理方法的过程中,说明如果这种气体和空气以一定的比率混合能发生爆炸,为了使之对具有爆炸可能性的某种气体的处理方法具有强烈的兴趣,做一个固定燃烧器的送风量,把气体减少下去,在一定点就发生爆炸的实验,这就是公开表演。公开表演不仅有助于听讲者的理解,而且能提高他们的学习兴趣。

3)参观。在企业内教育中,有相当数量的具有教授生产设备、安全设施、产品用途、使用状况等性质的课程。这些内容,通过讲课也能在较短的时间里传授给听讲者,但是,通过参观可以得到更深刻、更具体的理解。参观的目的在于通过使听讲者实地观察实际工作的场所,得到接近实际工作感受的经验。为了收到这种效果,要注意以下几点:①明确参观的目的。通过讲课、集体讨论等方法,事先学习参观时应该注意看的地方和应该注意听的地方;②最好是20人左右分配一名解说者;③让大家随时提出问题,然后给予准确的回答;④采取有纪律的行动;⑤参观之后,让大家整理报告,进行讨论。

(2)适合提高解决问题能力的教育技法

1)事例研究法。以长文或短文的事例为材料,让每个人发现问题、评价信息、活用方法、决定解决问题的方法,然后把它拿到集体中进行讨论。

2)课题法。给予同听讲者的日常业务有密切关系的课题,使之为解决问题而进行的行动训练。它的一般步骤为:①确定教育主题;②确定同主题相符合的、听讲者身边的课题;③分析个人或集体计划、处理课题;④进行实际操作;⑤听讲者相互间或者由指导者评价学习过程。

(3)适合开发创造性的教育技法

1)集体创造性思考。给予单一的具体的课题,在一定的规则下,使集体(或个人)产生一定的想法。

2)等价变换的思考法。等价变换展开理论,是在追求类推的逻辑的过程中,由日本同志社大学市川教授发现的思考方法。作为训练课题,是让听讲者彻底地学习等价变换的思考流图,并使之应用。等价变换的思考流图:①设立目标;②以抽出或选择为实现目标;③以抽出问题的本质为出发点,从出发系列中把性能较好的选出来;④再次对照问题的本质,分析已经选择出的出发系列,抽出具有一般性的限定条件;⑤通过思考实验,把问题的本质、条件和能实现其条件的各种手段配合在一起;⑥审定以上各项同目标的一致度;⑦创造达到目标的到达系列。

(4)适合技能教育的教育技法

1)练习。技能教育在于反复练习。通过反复练习,使开始是分散的部分动作,逐渐地统一起来。

2)工作的教授法。把作为技能训练的教授阶段组织化:①作学习的准备:讲解作什么作业、就此作业搞清有关事项、引起想记住此作业的心情;②解释作业:把主要过程一个一个地讲出来、做一下、写出来、强调要点;③试作:进行试作,纠正错误。边作边说明作业,然后再作一次,指出要点,直到弄懂为止;④观察教的效果:让听讲者动手工作。要事先指定有问题时要请教的人,还要经常检查、提出问题,逐渐减少指导。

3)模拟训练。由于技能的种类不同,有时马上就动手工作是困难的,喷气式飞机的操作训练就是一个典型。无论从安全方面来说,还是从费用方面来说,都不能马上就从事实际工作。因此,就要进行模拟训练。即制造一个同飞机的实际驾驶台完全一样的装置,让被训练者进行同实际相同的操作。

(5)适合态度、价值感及人格统一教育的教育技法

像前面的教育方法中所谈到的那样,对以态度、价值感及人格统一为目的的教育来说,集体技法是有效的,因此,与此相应的技法都是集体技法。

1)集体讨论法。其中包括自由讨论法、小组讨论法、讨论会、座谈会等。

2)集体决定法。集体讨论法的重点在于通过交换意见和信息,形成看法。而集体决定法则意味着在集体里进行决定。其形式与集体讨论法完全相同。但它有一个特点,就是讨论之后一定要对某一事情做出决定。

以上就是同前面的教育方法相对应的各种教育技法。但这种对应关系,不是从根本意义上讲的。例如课题法,它不仅适合于提高解决问

题能力的教育,而且对于事实和概念的教育,或者根据情况的不同,对于人格统一的教育,也是有效的。而且把各种技法配合起来使用,比单独使用某种技法能收到更好的效果。

上面讲的一些教育技法是模仿美国的,但在日本已经相继被各企业广泛地采用了,而且被认为效果较好。他们认为,这同引进外国的先进生产技术以迅速提高劳动生产率的作法是一样的。

(三)企业内职业教育的特点

日本企业内的职业教育和其他职业教育不同,它主要是由企业进行的、以车间为中心、以提高工作能力为目的的一种教育训练。同学校内和社会上的职业教育相比,企业内的职业教育有以下一些特点:

1.它为已经就业的在职工人、技术人员和管理人员、领导人员提供接受再教育的机会。也就是说,它是对走出校门并且已经就业的成年人进行的一种职业教育。因此,它要适应成人期职业的发展阶段,同时也要考虑到成人教育的特点。

2.它的首要目的是提高劳动生产率。培训职工和开发人的能力也是沿着这一目的进行的。

3.它是密切联系生产实际,在生产过程中直接开展的一种目的性明确的教育。这就和学校中的职业教育有很大差别。它是一种职业的训练方法,主要是通过日常的劳动和工作来熟悉和掌握生产技能。

4.它在企业内实行全员培训,即上至最高经营管理人员(董事长、经理等)、中层管理人员(部长、课长等)、高级科技人员,下至监督管理生产人员(工长、组长等)和一般工人、新就业者等各阶层人员都是教育的对象。

5.它从职工开始工作到退休为止,不断地对他们进行各种教育,也就是说,在每个人的终身职业生活中,都要不断地接受定期的教育训练。因此,可以说它是一种进行终身教育的教育形式。

6.它根据企业内不同的阶层、对象和工种,规定不同的教育内容,既有理论性知识,又有实践性知识。在教育方法上采取灵活多样的形式。

从上述几个特点可以看出,企业内的职业教育同其他职业教育是不同的,是独具一格的。

综上所述不难看出,日本不仅十分重视就业前学校中的职业教育,而且也非常重视就业后企业内的职业教育。他们把能否培养出所需要的优秀人才,视为国家强盛,企业兴衰的关键。因此,从政府到民间企业,都有自己培训职工的办法和计划,培养出了大量适应经济发展需要的熟练工人和技术、管理人才。这些人才精通技术业务,熟悉管理科学,办事效率高。正如东京大学石井教授所说:"日本一些好的企业是由优秀的工人、优秀的技术人员、优秀的管理人员所组成的优秀的技术集团。因此,他们能完成优秀的工作,制造优秀的产品,使这些企业在产业界有竞争能力。"日本正是依靠这些优秀人才,恢复了战后的经济,用20多年的时间,发展成为世界经济大国之一。

从1955年开始,日本经济开始进入"高速增长"阶段。经济的发展不仅促进了技术革新,而且也加速了经营革新。技术和经营上的重大变化,要求改革原来的职业训练制度,改变战后初期那种没有统一的训练标准和鉴定的制度,以及训练内容只限于经济恢复阶段所需工种的状况。为此,日本政府于1958年制定了企业内职业训练标准,并确立了技术鉴定制度。这些标准和制度,成了各企业实施合理的、系统的职业教育的指针。在这一时期,日本各企业形成了具有各种各样教育训练方式的企业内职业教育体系,并且广泛地普及到第三产业部门。

60年代,日本经济的持续高速发展,给企业内职业教育带来了急需解决的新问题。首先,是职工不足的问题,特别是技术工人不足,对于这个问题,各企业的解决办法不尽相同。其次,科学技术的迅速发展,使知识的陈旧化程度大大加快,即使是对技术工人和技术管理人员,也要不断补充、更新他们的知识和技能。在这种形势下,日本各企业不惜人力、物力和财力,大抓职工教育。60年代以来,有数百万职工受到不同程度的文化科学知识和职业教育。日本政府对此也很重视,于1969年对原来的职业训练法作了重新修订,其目的是广泛开展系统的现代化新技术培训,大量培养技术工人,提倡一专多能,以适应工种变化的需要。

70年代以来,日本的企业内职业教育进入了一个新的阶段,其特征主要是进行大专水平的培训,并提倡自我教育。50年代下半期和60年代,职工中初中毕业程度约占相当大的比率。

总之,在日本实现国民经济现代化的过程中,企业内的职业教育起了不可忽视的作用。它适应不断更新的技术设备和工艺过程的需要,不断地补充和提高职工的科学技术知识和业务水平,从而大大地促进了劳动生产率的迅速提高,其速度居资本主义世界第一位,有力地保证了国民经济现代化的进展。

第五章　职业教育师资培养

一、英国职业教育师资来源及培训

英国职业教育师资,包括在继续教育部分从事职业教育的教师、企业中的培训官员、从事青少年职业指导和生计服务的社会工作者和在中学从事职业教育的教师;其中,第一类是这支队伍的主体,因为英国的职业教育主要也在这个教育阶段实施。

(一)师资来源

英国职业教育师资,就以继续教育实施机构而言,有专职教师和兼职教师之分。兼职教师所占的比重较大,约占 63%;这些教师大多是从企业招聘来的有丰富实践经验的技术人才,如熟练技工、技术员、工程师;这些人尽管都具有相当的专业技术资格,但他们中大多数人在兼职前没有教学经历或未曾接受过任何形式的教育专业训练。就专职教师而言,系统接受过正规教育专业训练,具有教师资格者也不到 50%。这大概与英国政府对继续教育教师就职的教育专业条件一直没有明确而严格规定有关,它不像对中小学教师就职那样一定要求具有教师资格。因此,可以说英国职业教育的师资培训任务一直很繁重。

(二)师资培训

1.培训机构

在 70 年代以前,英格兰职业教育师资主要由 4 所"(技术)教育学院"负责培养,它们是博尔顿(技术)教育学院、哈德斯菲尔德(技术)教育学院、伍尔费汉普顿技术师范学院和伦敦加尼特学院。1977 年之后,由于受到"海科克斯委员会"第一份报告的影响和 70 年代后半期教育学院大改组浪潮的冲击,整个职业教育的师资培训体系发生了很大的变化。

首先,原有的 4 所经历了合并改组,现在除伦敦加尼特学院外,其余 3 所改组后分别更名为"博尔顿高等教育学院"、"哈德斯菲尔德多科技术学院"、"伍尔费汉普顿多科技术学院"。其次,除上述 4 所学院外,参与职业教育师资培训机构现在又增加了许多,它们是大部分"多科技术学院"和部分"高等教育学院"与"技术学院",还有"伦敦市区成人教育协会"、"皇家工艺学会"、"合格教师学院"、"库姆洛奇继续教育教职员学院"。

除了在原有的 4 所学院和一些从事职业教育师资培训的多科技术学院与技术学院内设立师资培训专门机构"主要中心"外,还在其他有关的继续教育机构中设立了许多附属这些"主要中心"的"继续教育师资培训中心",由此组成"主要中心"的"校外中心网",以为本地区的职业教育师资培训服务。

2.培训模式

英国职业教育的师资培训,主要也是通过各实施机构提供各种师资训练课程来进行的。

(1)"教育证书"课程。这是一种职前教育课程,主要由从原来(技术)教育学院改组而来的 4 所主要学院提供。该课程有两种形式:一是为本科毕业生提供的为期 1 年的全日制教育证书课程,这在结构上与培养中小学教师的"研究生教育证书"课程很相似;另一种是为实习教师提供的为期 4 学期的工读交替制教育证书课程。此外,这 4 所主要学院还为实习教师提供为期两年的部分时间制课程,其中的 3 所学院还提供每周脱产学习一天的两年制教育证书课程。

(2)"继续教育证书"课程。这是一种以专职教师为对象的为期 2 年的部分时间制课程,该课程由包括上面 4 所主要学院在内的 16 所独立的"主要中心"提供,并得到"全国学位授予委员会"的认可。学习这类课程的专职教师单 1981 年一年就达 1207 人。

(3)"继续教育教师证书"课程。这个培训途径是由"伦敦市区成人教育协会"提供的,它以兼职教师为对象,但目前越来越多的专职教师也参加了这一课程计划的学习,他们把它作为教学入门的基础。每年约有3000人学习这类课程,其中专职教师倒是占了1/3。

(4)"CGLI教员与监考员文凭课程"。这个课程计划是"伦敦市区成人教育协会"为配合"人力服务委员会"的职业训练计划的推行和实施而专门设计的。由于在推行"人力服务委员会"(诸如"青少年就业机会计划"、"统一的职业准备计划")的职业、就业训练计划时,招聘了大量虽有专业技术经验但无教学经验或训练的熟练技工当教员,因此,要使职业训练计划顺利得到实施,就必须对他们进行专门的培训。该课程形式为每周脱产学习一天,共需80个学时来完成学业,课程的内容涉及教学技能、咨询和评估。

除上述这些课程计划外,职业教育师资的培训活动还有:"皇家工艺学会"的"办公室事务教员证书"课程、"合格教师学院"经营的"教师资格计划"以及"库姆洛奇继续教育教职员学院"为经验丰富的专职教师组织的研讨会、专题讨论会等。

在师资培训的重点上,由于绝大部分学员都已具有专业技术资格,所以更强调教育基本理论的学习和与其特定专业技术有关的教学方法上的训练。

总而言之,英国目前的职业教育师资的培训,形式多样、结构灵活、有的放矢、讲究实效,在地区范围内自成体系。但从国家的角度看,尚未形成一个全国统一的职业技术师范教育体系;而且在职业技术教师任职上偏重专业技术资格,忽视教育专业资格的倾向,远还未得到纠正。

二、日本职业教育师资与 职业训练指导员的培养

日本的职业教育作为其整个教育体系中的重要组成部分,为各行各

业培养出了大量人才,对促进经济发展,加快现代化的步伐,起了重要作用。日本的职业教育之所以取得了如此之大的成就,当然是由很多因素促成的,但有一点却是不可忽视的,即日本政府在培养职业教育师资和职业训练指导员方面做出了很大努力。日本的职业高中、专修学校、高等专门学校、短期大学的教师以及职业训练指导员等,都是大学毕业生,而且不断进修提高,从而形成了一支质量高、数量足的师资队伍,保证了职业教育量的扩充与质的提高。

(一)职业教育师资的培养

战后日本职业教育的重点,是在高中阶段。根据《教师许可证法》的规定,高中职业科的教员必须持有高中教谕许可证,其种类有农业、工业、商业、水产、家政等各学科。为了获得这种许可证,大学生在校期间必须修完规定的课程,取得一定的学分,然后由本人申请,经考试合格后,由各级教育委员会颁发。

50 年代以来,随着日本经济的恢复与发展,各产业部门所需技术人员的数量不断上升。为此,中央产业教育审议会在 1953 年 7 月,向文部大臣提出了"关于培养职业教育师资"的建议,建议采取特别措施,以便有计划地每年培养出一定数量的优秀教师。建议中说,要在鼓励一般大学培养职业教育师资的同时,建立若干培养职业教育师资的中心。根据这一建议,日本在 7 所国立大学(室兰工大、东北大学、东京工大、金泽大学、名古屋工大、广岛大学、九州工大)的工学部,特设了工业教员培养课程。以此满足因当时工业界严重缺少技术人员而增设工业学科、增招工业学科学生的需要。

日本政府虽对培养高中工业科教员采取了一些特别措施,但取得工业教员许可证的人,还是逐年减少:1958 年度的毕业生中有 1313 人、1959 年度有 978 人、1960 年度有 796 人。尽管这样,如果这些取得工业教员许可证的人,大部分去当工业教员的话,还能勉强满足现状。然而,这些人大部分到产业界就职,志愿当工业教员的只是极少数。以 1960 年度为例,国立大学工学部的毕业生约为 5800 人,而其中去高中当工业教员的仅有 4 人。7 所国立大学工学部特设的工业教员培养课程的毕业生也是如此:1958 年度的 114 名毕业生中有 2 人、1959 年度的 113 名毕业生中有 5 人、1960 年度的 103 名毕业生中只有 1 人。总之,几年来,国、公、私立大学的毕业生中,去当工业教员的人总共不到 100 人。因此,只好暂时靠调动其他学科持有工业教员许可证的在职教员、在民间企业工作的持有工业教员许可证的人员来勉强维持现状。

针对这种情况,日本政府采取了一些应急性措施:一方面指示各都道府县教育委员会把初中在职教员中持有高中工业教员许可证的人转入高中;另一方面,在 1961 年制定了"关于设置国立工业教员养成所的临时措施法案"。随后,在 9 所有工学部的国立大学(北海道大学、东北大学、东京工大、横滨国立大学、名古屋工大、京都大学、大阪大学、广岛大学、九州大学)里分别附设了工业教员养成所。设置时考虑到各地区的急需程度,在关东和近畿地区设了 2 所,其他地区设 1 所。而且,各附设大学也是斟酌了其教授能力与设施情况之后确定的。

国立工业教员养成所的入学资格为高中毕业。其教育内容切合设置宗旨,以工业方面的专门教育为主。同时,附加一些必要的基础课程以及教育学方面的课程,以使毕业生具有大学工学部毕业程度的专门学力与作为一名教员所必需的素养。

因为养成所的修业年限为 3 年,所以必须获得的最低学分为大学的 3/4,但毕业生仍然可以取得工业学科的高中教谕 2 级普通许可证,而且,毕业后的待遇也和大学毕业生一样。另外,如果毕业生在毕业后 6 个月之内去当工业教员,并连任 3 年,还可以免收 2/3 的学费。

总之,日本政府为使养成所的毕业生去当工业教员,采取了一些优待措施。也正因为如此,养成所大约 80% 的毕业生去当了工业教员,解燃眉之急。到 1967 年,工业高中的增设告一段落,而且,工业系统的大学、学部的学生数急剧增加,他们去工业高中当教员的人数随之增加。

这样,临时性的国立工业教员养成所也就完成了自己的使命,随之解体。

日本在使职业中学教员的数量得到保证的前提下,非常重视确保其质量,重视在职教员的进修提高。《教育公务员特例法》中专门有一章规定了教员进修的有关事项:"教员必须不断努力进行研究和提高修养,以保证完成其职责。为此,教员的任命机关,要设法提供教员进修所需要的设施、制订计划、通过有效途径来鼓励教员进修。同时,必须为教员创造进修的机会;教员可以在不影响授课的情况下,征得校领导的同意后,离开工作单位去进修;任命机关可以选定一些教员在职长期进修。"

基于这一法令,各职业中学都根据自己的实际情况,努力为教员创造进修的机会。其形式主要是让教员到大学、研究所、实习所等处去学习,有脱产的,也有不脱产的;其内容除了一般教养、专业知识以外,还要学习现行的和新式的技术教学方法等。其目的主要在于用教育科学的最新成就、先进的培训方法等武装从事职业教育的教员,以便提高他们的业务能力和教学水平,从而使职业教育的质量得到保证。

另外,日本为使职业中学教员这一工作具有更大的吸引力,还设法提高其待遇。目前,职业高中教员的工资比普通高中教员的工资高10%左右,从而不仅保证了职业教育师资的数量,也吸引了一些优秀人才充实到这支队伍中去,提高了质量。

(二)职业训练指导员的培养

日本职业教育的结构,由三部分组成,即学校中的职业教育、企业内的职业教育、公共职业训练。上面谈的是学校中职业教育教员的情况。企业内的职业教育教员一般是各企业自行解决的。公共职业训练的指导员(教员)则采取资格制,即符合下列条件之一的人员可以提出申请,得到认定后,领取指导员资格许可证:

1.在职业训练大学修完长期或短期的指导员培训课程者;

2.都道府县举行的职业训练指导员考试的合格者;

3.经确认具有与以上两项同等或更高水平者(如通过一级技术鉴定

并修完劳动省指定的一门讲授课程等）。

在培养职业训练指导员这一工作中起主要作用的，是职业训练大学校。这类学校相当于大学本科，但不属于文部省系统，它是由劳动省的半官方组织"雇用促进事业团"在 1961 年根据《职业训练法》设立的（开始称中央职业训练所）。它的学制分为 4 年的长期课程和 6 个月的短期课程两种。4 年制的长期课程，通过考试招收高中毕业生，目的在于培养具有较高理论知识、专业技能和教学能力的指导员，毕业生大部分到有关职业训练的部门去工作。6 个月的短期课程，是为具有专业技能和经验者开设的，参加学习者要经过考试，而且必须已经通过国家 2 级技士考试、有 3 年以上的实际工作经验，或具有同等技能水平。短期课程的目的在于提高学生的理论水平，并通过学习教学法，获得教学工作能力。学习这类课程的大多数是在职人员，毕业后多数回原单位当职业训练指导员。另外，职业训练大学校中还有为在职指导员开设的提高进修课程，目的在于使在职指导员有机会获得最新的知识和技术，提高他们的专业能力。

从 1958 年职业训练指导员的资格制创立以来，到 1980 年度为止，148 个政府批准发放职业训练指导员资格许可证的专业，共发了 783812 个许可证。

提高职业训练水平，使其不断发展的一个重要条件，是职业训练指导员的热情和指导能力，可以说指导员在决定职业训练成果方面，起着重要作用。日本正是由于抓了指导员的培训工作，从而保证了公共职业训练的水平。

第六章　现代中国的职业教育

职业教育在我国有一个很长的历史发展过程。作为近代学校教育的一部分，它产生于清末的实业教育。清末，近代爱国图强的启蒙思潮的代表人物林则徐、魏源等提出"师夷之长技以制夷"，主张开拓新学，培养实用人才。19世纪60年代我国掀起了洋务运动，促使我国的军工和造船业等现代工业有了一定的发展。由此，作为生产力发展产物的现代教育开始萌动，以培养现代工业的技术人才的实业教育，创办于1866年，始建于福建的船政学堂。1898年的戊戌维新运动，清政府颁布壬寅学制，将实业教育导入学制系统中，且随着我国民族工业的初步发展，促使工矿学堂和商务学堂得到了相应的发展。1903年颁布《奏定实业学堂通则》，提出实业学堂旨在振兴各项实业，为富国裕民之本。此为我国职业教育的创办期。

1911年，中华民国成立，制订《壬子学制》，规定实业学校应以就业为目的。1912年国民政府将实业学堂改为实业学校。北洋政府颁布《实业学校令》，规定实业学校当以传授农工商业必须以知识技能为目的。但由于我国经济长期处于自给自足的农业经济阶段，教育在科举制引导下，国民崇尚"学而优则仕"，视实用技术为雕虫小技。所以，20世纪初期的实业教育未能为我国民族工业发展提供大批训练有素的技术人员和技术工人。

为此，在教育家和民主革命家黄炎培的倡导下，蔡元培、蒋梦麟、陈嘉庚、宋汉章等教育界和产业界的许多有识之士主张振兴实业，扩充国计民生，于1917年在上海成立了中华职业教育社，旨在大力提倡职业教育，举办职业学校，研究教育理论，推动职业教育发展。且在美国注重个性发展和实用主义教育思潮的影响下，1922年国民政府制订《壬戌学制》，将实业学校改为职业学校。该学制奠定了我国职业教育的基础，在我国职业教育发展的历史上具有划时代的意义。1932年国民政府教育部颁布《职业教育法》和《职业学校规程》，从法律上确立了职业教育的地位。但由于旧中国机器大工业发展缓慢，社会对技术人才需求不旺盛，职业教育的发展依旧缓慢。该法案也未付诸于实践。

新中国成立以前的革命根据地时期的职业教育，注重教育与生产劳动相结合的方针，实行边工边读，半工半读。1949年新中国成立后，受前苏联影响，一般将职业教育称为职业教育。1952年3月根据政务院的《关于整顿和发展中等技术教育的指示》，确立了中等专业教育和技工教育。1958年以后，随着中国经济的发展，各地开办农业高中、工业高中、手工业高中及半工半读等职业高中。

1978年党的十一届三中全会作出了把工作重点转移到社会主义现代化建设上来的战略决策。根据经济建设的需要，1980年10月国务院发布《关于中等教育结构的报告》。1985年5月中共中央首次发布了纲领性政策文件《中共中央关于教育体制改革的决定》，确立了职业教育在我国教育体系和国家建设中的地位和作用。1988年以后我国的经济改革进入调整期，由计划经济逐步走向社会主义市场经济。为大力发展职业教育，1991年1月18日至21日，国家教委、国家计委、劳动部、人事部、财政部联合召开全国技术教育工作会议，同年10月发布《关于大力发展职业教育的决定》。

与此同时，80年代后期，以农民识字教育和职工补习教育为主的成人教育也开始转向，即对农民实施基础教养和实用技术教育；对工人实施岗位培训。1986年12月，召开全国成人教育会议，指出要将职业训练视为成人教育的重点。1987年6月，国务院发布《国家教委关于改革和发展成人教育的决定》，明文规定成人职业训练的重要性。

1992年初，以邓小平的"南巡讲话"和1992年10月党的"十四大"为契机，我国的改革进入了新的历史时期。1993年11月十四届三中全会公布《中共中央关于建立社会主义市场经济体制的决定》，建立社会主市场经济体制成为中国社会的必然发展趋势。1994年7月第8届人大常务委员会及1995年3月同期的人大会,相继公布了《劳动法》和《教育法》,确立了新的劳动制度和教育制度。1996年5月制定了新中国成立以来第一部《职业教育法》。《职业教育法》从法律上囊括了建国以后,特别是改革开放以后的职业教育政策,在中国职业教育史上具有重要的地位,奠定了中国职业教育发展前景的基础。1999年1月国务院批转的教育部《面向21世纪教育振兴行动计划》,则为我国职业教育进入知识经济时代的发展指明了方向。

　　总之,中华人民共和国成立后,我国的职业教育事业经历了一个曲折的过程,既有持续稳定发展的时期,也有大起大落的时期,通过调整、整顿、不断发展壮大,逐步形成了一个能够适应国家经济建设需要,具有中国特点的职业教育体系。众所周知,现代社会的经济和产业竞争基础来自于包括职业教育在内的教育水平和规模。在知识经济时代,最终决定一个国家和地区社会发展速度的不是物力资本,而是人力资本,即劳动力的数量和质量。因此,面对信息革命带来的经济迅速腾飞,职业教育作为现代职业教育的重要组成部分,重要使命就是要为社会的经济发展不断地提供新的、高素质的劳动力资源,并对现有的劳动力资源进行继续教育和培训。同时,随着我国加入WTO,经济的发展为职业教育提供了新的发展机遇的同时,也对职业教育提出了挑战。新的世纪赋予职业教育新的课题,将使我国职业教育也随之进入一个新的历史发展阶段。

一、新中国成立初期的职业教育(1949—1966年)

　　新中国成立以来至1966年,我国的职业教育经历了一个曲折的发展过程。即由解放初期的改建扩充,走向1958年的大起大落,从1963年的整顿恢复起,又进入稳步发展的阶段。

(一)1949 年—1952 年职业教育接管改造、调整整顿期

20 世纪 50 年代,随着第二次世界大战以后一系列国家在政治上走向独立,在经济上也都面临着一个严重的迫切任务:"消除经济的严重落后状态,使本国经济从落后经济发展到现代经济,从经济不发达国家变成为经济发达国家。差不多所有这些发展中国家在一开始都采用了经济发达国家原来采用过的经济发展战略,即以经济增长为目标,以工业化为内容,来发展本国经济。"①

建国初期,我国同样面临着经济的严重落后状态:农业落后,工业特别是重工业基本是"空白"。经济基础相当薄弱。所以,新中国成立最初的几年里,我国处于国民经济恢复时期。

这期间,国家从旧政权手里接管了学校,有计划、有步骤、慎重地对旧教育进行了改造、整顿,同时根据社会主义经济建设的需要,发展新教育,实施新民主主义教育。

1949 年 9 月,中国人民政治协商会议第一届全体会议通过的《共同纲领》规定:"中华人民共和国的文化教育任务为新民主主义的,即民族的、科学的、大众的文化教育","人民政府应有计划有步骤地改革旧的教育制度、教育内容和教学方法",并且要"注重技术教育"。1949 年 12 月在北京召开的第一次全国教育工作会议,进一步指出新民主主义教育的主要任务是"提高人民文化水平,培养国家建设人才,肃清封建的、买办的、法西斯主义的思想,发展为人民服务的思想"。会议还指出,新解放区的教育工作是"维护原有学校,逐步作可能与必要的改善","对中国人办的私立学校,采取保护维持,加强领导,逐步改造的方针。"

在职业教育方面,一方面妥善接受了国民党政府遗留下来的公立职业学校,另一方面对 1950 年的全国 235 所私立职业学校,进行了调整和

---

① 刘光杰主编,《中国经济发展战略理论研究》,武汉大学出版社,1995 年,第 16 页。

改造,帮助其发展成中等技术学校。

与此同时,为了提高工农干部和工农群众的文化水平,并且使他们的子女享有更多的学习机会和较好的学习条件,以便从中培养技术人才,国家采取了教育向工农开门的方针。1951年10月《政务院关于改革学制的决定》中,决定设立初级技术学校,吸收难于受到完全初等教育的学生入学,为他们就业创造条件。自1950年开始,创办了各类文化补习班。《决定》指出"务使小学毕业生及失学工、农青年、成人有入学的机会。""各类中等技术学校,都提高了人民助学金标准,减免学费。"1952年7月8日教育部发出通知,规定自9月份起调整人民助学金标准,师范学校及其他中等专业学校学生人民助学金标准,高于普通中学,原享有供给制人员及产业工人入学的,人民助学金高于一般学生。

1951年6月召开的第一次全国中等技术教育会议,指出目前全国中等技术教育要采取以调整整顿为主,有条件发展的方针。会议认为:①培养技术人才是国家经济建设的必要条件,技术教育学校大量地训练与培养中级和初级技术人才尤为当务之急。发展方向以中级为主,目前多办初级的。②除整顿和发展正规的技术教育外,还应举办各种速成性质的技术训练班和业余性质的技术补习班或训练班,使正规的、速成的、业余的各种技术学校与训练班协调发展。③学校分科,要逐步走向专门化、单一化。④学校以改归业务部门领导为原则。教育部门与有关业务部门之间,必须贯彻统一领导,分工负责,互相帮助、密切配合的精神,共同办好学校。这里需要特别值得注意的是,实行专业化和单一化,扩大工业性质学校数量,适应了新中国产业结构和社会安定的需要,即适应了重工业与国防工业建设的优先需要。

根据会议精神,1952年3月《政务院关于整顿和发展中等技术教育的指示》以及1952年8月教育部发布的《中等技术学校暂行实施方法》,进一步解决了这个时期职业教育的培养目标、课程设置、学制、办学管理体制及经费投资等问题,奠定了我国几十年以来的职业教育办学模式的基础:以业务部门领导为主的管理体制和三级财政制度。

1949 年至 1952 年,我国中等专业教育有了较大发展。中等专业学校由 1949 年的 1171 所发展到 1952 年的 1710 所,在校学生由 1949 年的 228845 人增加到 1952 年的 635609 人。此外,随着大规模经济建设的发展,中央和地方各业务部门陆续举办了大批技工学校,至 1952 年,全国已有技工学校 22 所,在校学生 15000 人。[①] 三年来,中等专业教育各方面的工作得到了改革和加强,为今后的进一步发展奠定了基础,在一定程度上保障了国民经济建设对人才的要求。

(二)1953—1957 年职业教育改革和发展期

我国从 1953 年开始,实施发展国民经济的第一个 5 年计划。"从 1953 年至 1956 年,全国工业总产值平均每年递增 19.6%,农业总产值平均每年递增 4.8%,经济发展较快、效果较好。"[②]这个时期的职业教育事业根据经济建设的需要,有计划地发展。同时,贯彻执行学习前苏联经验与中国实际相结合的方针,对职业教育进行了改革,建立和健全了中等专业教育制度和技工教育制度,培养了大批技术骨干人才。

第一个 5 年计划提出:在 5 年内,国民经济各部门和国家机关需要补充的各类高等和中等学校毕业的专门人才共约 100 万人左右;工业、运输业、农业、林业等部门需要补充的熟练工人约 100 万人。因此中等专业教育的重点是培养工业技术和管理干部,同时应该配合农业合作化运动的迅速开展,注意培养农业的技术和管理干部。

但是由于我国的职业教育的基础较为薄弱,国家进行大规模经济建设后,中级技术人才在数量和质量上,都显得很不适应。"1950 年至 1952 年,三年来高等与中等工科院校的毕业生分别为 19364 人和 19623 人,几乎是 1:1,中等人才偏低。"再加上"一五"期间引进前苏联的现代技术设备等,更增加了对中级技术、管理人员和大量的技术工人的需求。

---

① 李蔺田主编,《中国职业技术教育史》,高等教育出版社,1994 年,第 241 页。
② 李蔺田主编,《中国职业技术教育史》,高等教育出版社,1994 年,第 256 页。

在这种形势下,教育部根据前苏联的中等专业教育的经验,于1953年7月发布了《关于中等技术学校设置专业的原则的通知》。通知要求:各业务部门在制订所属中等技术学校(中等专业学校)专业设置计划时,以中央各业务部门集中统一计划为原则(地方领导的学校除外),学校之间应适当分工,所设专业力求集中单一,同一学校所设专业以性质应相近为基本原则,在学科设置上体现了加速"专业化"建设的特点。

在学制方面,1954年规定中等专业学校招收初中毕业生,学习3年或4年,培养中级技术管理人员,从而确立了我国中等专业教育制度的基本模式。1956年,为适应大规模经济建设的发展,更好地为经济建设服务,加强教育同生产实际的联系,又提出"谁用干部谁办学校"的原则,从而确立了我国中等专业教育的基本管理模式,即实行由用人部门投资建校,主管业务部门领导,中央和省市教育部门综合管理的体制。

另一方面,根据"一五"经济建设计划的要求,培养技术工人是当务之急。于是,技工教育制度随之创建,并陆续发展起来。1953年5月,中央劳动就业委员会、内务部、劳动部联合召开就业座谈会,提出劳动部门应根据生产发展的需要培养技术工人,不应把技工训练作为单纯安置失业人员的就业手段。为了加强对技工教育的统一管理,加速技工学校的发展建设。1953年政务院决定劳动部门对技工学校进行综合管理,基本任务是培养中级技术工人。1954年4月劳动部制订《技工学校暂行办法(草案)》,规定技工学校按产业部门分别设置,各产业管理部门,应根据自己对于技工的需要设立技工学校。教学计划和教学大纲由中央各主管部门制定。该草案强调"技工学校,应以技术实习为重点,其各类课程的一般比例是:技术理论课程约占10%～20%;技术实习约占60%;普通科(包括政治、语文、数学、物理、化学、体育等)约占20%～25%。"

总之,随着经济建设高潮的兴起,"一五"期间工业生产取得的成就,为社会主义工业化建设奠定了初步的基础。中等专业教育和技工学校教育,从其办学主体、办学模式、课程设置到经费投入,都以产业部门为主,有力地确保了经济建设和产业发展对职业教育的需求。

这是新中国成立后职业教育事业发展的一个极其重要的时期。"从建国到 1957 年这 7 年里,是我国政治上安定团结,经济政策比较好,经济发展比较快的时期。大规模的经济建设,推动了职业教育的发展,这个时期的中等教育是多样化的,结构比较合理。1957 年中等专业学校(含中师)和技工学校的在校生 844833 人,普通高中在校生 904000 人,各占 48.3％和 51.7％。"①其中,"至 1957 年,中等技术学校有 728 所,在校学生 482155 人,其中工科学校有了大幅度增长……技工学校有 144 所,在校学生 66600 人。"②初步满足了各产业部门的需要。

(三)1958—1966 年职业教育的调整和发展

1958 年,我国进入了第二个 5 年计划发展时期。社会主义改造基本完成以后,开始转入全面的大规模的社会主义建设。"在国民经济方面,贯彻执行了在优先发展重工业的基础上实行工业与农业同时并举,重工业与轻工业同时并举的方针。"根据这种经济结构的需求,我国职业教育也相应地进入了调整发展时期。

1.1958 年职业教育的"大起大落"

周恩来在《关于发展国民经济的第二个五年计划的建议报告》中指出,"为国家培养各项建设人才,首先是工业技术人才和科学研究人才,是教育工作的首要任务。"强调中等专业教育应该实事求是地调整专业设置,使培养的人才能够更加适应于国民经济各部门的具体要求。教育部据此制定了教育第二个五年发展计划。对于职业教育,提出中等专业学校的学生要有相应地增加,积极创造条件补足科学技术上的缺门专业,大力举办农业学校、工业中学和手工业中学。

1958 年 8 月,中共中央、国务院发布《关于教育事业管理权力问题的规定》,要求:今后教育部和中央主管部门,应该集中精力研究和贯彻执行中

---

① 孟广平主编,《当代职业技术教育》,高等教育出版社,1993 年,第 30 页。
② 李蔺田主编,《中国职业技术教育史》,高等教育出版社,1994 年,第 282 页。

央的教育指导方针和政策,综合平衡全国的教育事业发展规划,"职业中学、一般的中等专业学校和各级业余学校设置和发展,无论公办或民办,由地方自行决定。新建高等学校和中等工科技术学校,地方可以自行决定或由协作区协商决定。"同年9月,中共中央、国务院又发布了《关于教育工作的指示》,职业教育实行教育与生产劳动相结合,学校必须把生产劳动列为正式课程,学校办工厂、农场或农场、合作社办学校。进一步提出"两条腿走路"办教育事业的方针,即教育部门办学和业务部门办学并举;中央办学和地方办学并举;国家办学和厂矿、企业、农业合作社办学并举。确立了我国国民经济"大飞跃"时期职业教育的办学管理体制。

这种办学管理体制,反映了我国第二个五年计划时期经济体制的基本要求,是一种以高度组织化和有效的行政介入、办学主体多样化为主要特征的管理体制。在组织体系上,从政府机关到各行业和群众团体,是一个政府主导、企业和群众充分参与的多层次办学管理体系,目的在于有助于解决国家教育经费、校舍、设备和师资等短缺问题的同时,又力图教育和生产劳动相结合的方针得以落实。

在这个时期农业中学的创办是我国农村教育制度的重大改革成就,为农村教育发展探索了一条新途径。我国是个农业大国,大部分人口在农村,因此改变以面向城市为主的中等专业学校和技工学校之职业教育发展现状,为满足农村大量高小毕业生的升学要求和适应农业生产发展的需要,创建和发展农业中学便是相当重要的一项举措。1958年3月,江苏省一批农民群众率先办起农业中学。此后,农业中学蓬勃发展,办学形式多样。小型分散;住宿与走读相结合;学生学习、劳动、生活在学校的"三集中"。据统计,1960年全国农业中学共有2万多所,在校生达230万人。[①]

中等技术学校发展到1960年出现了建国以来的最高峰。但是还应该看到由于教育事业管理权限的下放,改变了过去由中央部门或教育部门为主办学的状况,实行多种渠道办学,随之而来的是职业教育呈现出"大跃

---

① 李蔺田主编,《中国职业技术教育史》,高等教育出版社,1994年,第295页。

进"式的发展,致使教育事业计划失控,学校基本建设跟不上,教育质量普遍下降。同时,职业教育盲目的高速发展也给国家增加了很大困难。

2.1963—1966 年职业教育的调整、恢复和发展

教育部从 1961—1962 年续召开了三次调整会议,提出减少城镇学校的在校生;设在大中城市的中等专业学校,凡是主要面向农村,为农村各项建设事业服务的,只要条件允许,都应有计划地迁往小城镇,接近农村;大幅度裁并中等专业学校,特别是条件很差的新校和布局不合理、专业设置重复的老校;为提高教育质量,进一步精简学校教职工;同时,为有效利用资源,增强职业学校规模效益,用裁并学校的校舍、图书、仪器、设备等充实保留的学校。

截止 1963 年,包括教学秩序、教材建设、专业课程设置等在内的 3 年的调整工作基本结束。教育事业经过调整整顿和国民经济发展的全面好转,职业教育逐步与工农业生产相协调,重新走向了恢复和发展的轨道。但是教育事业的调整和整顿,在大量地压缩各类职业技术学校和学徒培训班的同时,却推动了城市普通中学的发展。造成城市不能升学的初中毕业生大量增加,他们又缺乏就业心理准备、职业训练和就业技能,无法成为城市和农村建设的劳动后备和技术后备力量,造成人力资源的极大浪费。我国在普通教育和职业教育方面面临着如何协调发展的问题。

1963 年 3 月,党中央在《关于讨论试行全日制中小学工作条例草案和对当前中小学教育工作几个问题的指示》中强调要认真贯彻执行普通教育与职业教育、技术教育并举的两条腿走路的方针;要求在城市举办各种类型职业学校的同时,"每年还要有计划地组织城市和农村中一部分不能升学的初、高中毕业生,给以短期的职业、技术训练,以便在农村劳动就业。"同年 10 月 18 日周恩来发表《重视中小学教育和职业教育》讲话,指出,"大中城市不能升初中的高小毕业生,每年大约有 110 万人。安排他们就业,年龄还太小。这是个大问题,怎样解决,要好好计划一下。大中城市要逐年发展一批职业学校,将来小城镇也要办一些职业学校……近几年内,大中城市不宜发展过多的普通初中,主要发展职业学校。"

表1　1957—1965年中专、技工学校、职业学校发展情况

	中等专业学校		技工学校		职业中学	
	学校数 (个)	学生数 (万人)	学校数 (个)	学生数 (万人)	学校数 (个)	学生数 (万人)
1957年	728	48.2	144	6.6	—	—
1958年	2085	108.3	417	16.9	20000	199.99
1959年	2341	95.4	744	28	22302	218.99
1960年	4261	137.7	2179	51.6	22597	230.2
1961年	1771	19.51	1507	40	7260	61.17
1962年	956	35.3	155	5.95	3715	26.7
1963年	865	32.1	220	7.8	4303	30.78
1964年	1125	39.7	334	12.34	15108	112.34
1965年	871	39.2	400	18.3	61626	443.34

注:(1)1965年是半工(农)半读中等学校的数字。

(2)1958—1964年是农业中学和职业中学的数字。

(3)"—"表明没有职业中学。

(参照:中国教育部统计资料,李蔺田主编,《中国职业技术教育史》,1994年制)

　　1964年5月,中央工作会议提出了要实行两种劳动制度、两种教育制度。举办多种形式的半工半读学校:半工半读中等技术学校、各种半工半读中学、在全厂职工中实行半工半读、全日制中专学校和技工学校的半工半读化,以"培养又红又专、能文能武、既能体力劳动又能脑力劳动的新型劳动者。"生产劳动和教学时间,基本上各占一半。与此同时,随着国民经济的发展,整顿调整后的各类中等职业教育学校、农业学校也相应地得到恢复和发展。初步形成了由中等专业学校、中等师范学校、技工学校、农业中学、职业中学及半工(农)半读学校等构成的中等职

业多样化的结构。随着中等职业教育结构的多样化,在职业教育的办学管理体制上,加强了宏观调控和统筹安排。在职业教育经费上,原则上仍然坚持"谁办学,谁出钱"。

从表1中,我们可以看到新中国成立初期我国中等职业教育的历史变迁。它反映了以上所述的各具体历史时期的发展动态。

二、改革开放后的职业教育(1978—1999 年)

(一)1978 年—20 世纪 90 年代初期我国职业教育的发展状况

我国的经济发展不仅需要大批高级科学技术专家,而且迫切需要千百万受过良好职业教育的中、初级技术人员、管理人员、技术工人和其他各种类型的城乡劳动者。这种单一化的中等教育结构根本适应不了社会经济、文化发展的需求,改革中等职业教育,发展职业教育已势在必行。

1.改革中等教育结构

1978 年党的十一届三中全会以来,随着我国的改革开放、经济体制改革的全面展开,世界范围的新技术革命的兴起,社会经济的迅速发展,对人才的需求是多方面、多层次的。为此,要求职业教育也要多层次、多形式、多渠道地发展,以适应建设需要。但是经济建设大量急需的职业教育不仅没有得到应有的发展,而且脱离了经济和社会发展的需要,滞后于新科技时代的发展。1978 年,我国普通高中在校生达到了 1800 万人,比 1965 年增加了 7.6 倍。中等职业学校在校生仅占高中阶段在校生总数的 7.6%。但是在这些毕业生中,升大学的只能是一小部分人,大多数都要参加工农业生产。因此,为把大量的中学生培养成为经济建设急需的人才,就必须适当控制和调整普通高中的发展,大力发展中等职业教育。

　　1978年4月,教育部召开了全国工作会议,主要议题是改革中等教育结构。1980年10月7日国务院批转了教育部、国家劳动总局《关于中等教育结构改革的报告》。报告认为,改革的重点是高中阶段的教育结构,"经过调整改革,要使各类职业(技术)学校的在校学生数在整个高级中等教育中的比重大大增长。"1980年的《关于中等教育结构改革的报告》是我国中等教育结构改革的纲领性、奠基性文件。这个文件确立职业教育的内容和途径,解决了许多影响我国职业教育长期发展的关键性问题,为后来的1985年《中共中央关于教育体制改革的决定》奠定了坚实的基础。自1980年冬季开始,许多省、市、自治区陆续成立了中等教育结构领导小组,以"领导重视,各部门参与"的方式,开展了中等教育结构的改革工作,着重发展职业中学和农业中学。

　　1983年5月6日,中共中央、国务院发出了《关于加强和改革农村学校教育若干问题的通知》,要求把改革农村中等教育结构,发展职业教育,当作振兴农村经济,加速农业现代化建设的一项战略措施来抓。同年5月9日,教育部、劳动人事部、财政部、国家计委联合发出《关于改革城市中等教育结构、发展职业教育的意见》中指出,现代化建设不仅需要高级专门人才,而且需要大批初、中级技术、管理人才和大批有文化、有技术知识的劳动后备军。要克服单纯追求升学率和轻视职业教育的倾向,使职业教育逐步发展成为与普通教育并行的体系。再次强调"城市中等教育结构改革,主要是改革高中阶段的教育,使之适应社会主义现代化建设多方面的需要,适应经济体制、产业结构、劳动就业等变化的需要。实行普通教育与职业教育并举,全日制学校与半工半读学校、业余学校并举,国家办学与业务部门、厂矿企事业单位、集体经济单位办学并举的方针。民主党派、群众团体以及个人办学,应给予鼓励。城市高中阶段的学制、结构和办学形式都要实行多样化。"为此提出部分普通高中改为职业中学、职业(技术)学校或在普遍高中设职业班;发动各行各业办职业中学、职业(技术)学校等具体措施。

1985 年 5 月 27 日公布的《中共中央关于教育体制改革的决定》，进一步阐明了教育与经济建设的关系，"社会主义现代化建设不但需要高级科学技术专家，而且迫切需要千百万受过良好职业教育的中、初级技术人员、技工和其他受过良好职业培训的城乡劳动者。没有这样一支劳动技术大军，先进的科学技术和先进的设备就不能成为现实的社会生产力。""职业教育恰恰是当前我国整个教育事业最薄弱的环节。一定要采取切实有效的措施改变这种状况。""职业教育问题已经强调多年，局面没有真正打开"的"重要原因在于长期以来对就业者的政治文化技术准备缺乏应有的要求，在于历史遗留的鄙薄职业教育的陈腐观念根深蒂固。"因此，"要在全党和全社会进行教育，树立行行光荣、行行出状元的观念，树立劳动就业必须有一定的政治、文化和技能准备的观念，并且在改革教育体制的同时改革有关的劳动人事制度，实行'先培训，后就业'的原则。"

中等职业教育必须与经济和社会的发展需要紧密联系起来，《中共中央关于教育体制改革的决定》指出，"根据大力发展职业教育的要求，我国广大青少年一般应从中学阶段分流：初中毕业生一部分升入普通高中，一部分接受高中阶段的职业教育；高中毕业生一部分升入普通大学，一部分接受高等职业教育。在小学毕业后接受过初中阶段的职业教育的可以就业，也可以升学。凡是没有升入普通高中、普通大学和职业技术学校的学生，可以经过短期职业技术培训，然后就业。要充分发掘现有中等专业学校和技工学校的潜力，扩大招生，而且有计划地将一批普通高中改为职业高中，或者增设职业班，加上新办的这类学校，力争在 5 年左右，使大多数地区的各类高中阶段的职业技术学校招生数相当于普通高中的招生数，扭转目前中等教育不合理的状况。"

《中共中央关于教育体制改革的决定》是"以党中央的名义首次明确了职业教育在国民经济中的地位和作用，明确了职业教育的奋斗目标、结构体系、发展方针和政策措施，对于提高全党全社会对职业教育的认识，进一步解放思想，推动职业教育事业的发展，具有极为重要的现实意义和划时代的历史意义。"是 20 年来指导中国职业教育发展最重要的纲领性文件。而且,中等教育结构的改革卓有成效。

2.职业教育体系的探索和发展

改革开放以来至 90 年代初期,我国在职业教育的改革过程中,也开始着手建立有中国特色的职业教育体系。

首先是高等职业技术院校的创建与发展。改革开放以来,高等职业技术院校主要有职业技术师范学院、职业大学、技术专科学校、专科学校等。高等职业教育属于第三级层次的职业教育。这类教育 1980 年后才在中国作为职业教育体系的最高层次发展起来的。职业大学,是由省市,特别是一些经济发展比较快的城市,按照本地区建设需要创办的一种高等学校,主要是为本地区建设培养较高级的应用型专业技术人员。1980 年南京的金陵职业大学、合肥联合大学、江汉大学等是最早创办的职业大学。技术专科学校是在 1985 年由国家教委将上海三所工科中等专业学校并改为技术专科学校后出现的。曾作为弥补 1950 年以来中等专业教育数量不足并带有过渡性教育的高等专科学校,也得到了较大发展。中等职业教育,也是这个时期职业教育的重点,我国中等教育结构自从 1978 年中央提出要扩大职业技术学校的比例之后,经过努力,已经有了根本的变化。主要类型有中等专业学校、技工学校、职业中学和职业教育培训中心、就业培训中心等。现有的职业高中是在改革中等教育机构的基础上发展起来的。其中大部分是由原来的普通高中改造而成的,有些是在普通高中中附设的职业高中班。

这个时期,职业中学发展迅猛,其规模和速度都超过了中等专业学校和技工学校,已成为中等职业教育的主体。从表 2 中我们可以看到我国中等职业教育取得了大的发展。职业中学的增长幅度在同期各类教育中是最快的。职业中学的发展适应了我国经济建设的需要。1978 年以来,我国的第三产业有了发展。"1988 年同 1978 年相比,城镇社会劳动者中在第三产业就业人数所占比重由 37% 上升到 42%,净增加 2515

万人。第三产业的发展需要大量从业人员,推动了职业中学的发展,各地大量兴办了服装、商业、旅游、饮食、服务等类的职业中学。"与此同时,经济体制的改革和农村商品经济的发展,特别是乡镇企业的兴起需要大批中、初级技术人员,也有力地推动了职业中学的大发展。

为保障中等职业教育的发展,党和国家也制定了职业中学发展的政策。国家在财政上给予适当的经费补助。自 1983 年国家从中央财政对教育部门办的职业中学追加一次性补助费 5000 万元以来,中央财政每年给教育部门办的职业中学补助 5000 万元。同时提倡多种形式办学,职业中学的毕业生,根据"三结合"的就业方针,实行择优录用。

建立初等职业技术学校,主要设立在农村,是相当于初中阶段的职业教育。它适合我国广大农村现状和需要,是我国职业教育体系的组成部分。从 80 年代开始,一些普通中学开始设置职业技术课程,引入职业教育内容,此外,还有成人教育中的职业教育、城镇待业青年就业训练中心等。

表 2 中等教育阶段普通教育与职业教育学生数比率

年份	普通高中	中等职业教育学校			
		小计	中等专业学校	技工学校	职业高中
1980	81.1	18.9	10.4	5.8	2.7
1985	64.1	35.9	13.6	6.4	15.9
1986	61.7	38.3	14.1	7.1	17.1
1987	60.0	40.0	14.5	8.0	17.5
1988	55.4	44.6	15.2	8.6	20.8
1989	53.3	46.7	16.2	9.5	21.0
1990	52.4	47.6	16.4	9.7	21.5

资料来源:中国国家教育委员会计划建设司编,《中国教育成就(1986—1990 年统计资料)》,人民教育出版社,1991 年制。

改革开放以来,我国职业教育同国际间的交流与合作也得到了发展。

这个时期是我国改革开放的时代,也是职业教育理论和实践相结合发展的历史发展时期。不仅制定了影响我国职业教育长期发展的纲领性文件,而且积极地从理论和实践上进行了探索,并为我国职业教育指明了发展方向。这个时期的职业教育开展了多方面的改革。改革中等职业教育结构,大力发展了职业中学;初步建立了以初等、中等和高等职业教育为基本根干的职业教育体系;改革教育管理体制,推行办学主体和办学形式的多元化;对农村职业教育进行了符合我国国情的改革,并改革劳动人事制度,提出了"先培训、后就业"的原则,为以后职业培训教育工作的具体发展和实施奠定了基础。这些教育改革的发展和成就,对于我国教育结构的变化和社会经济的发展产生了深远的影响。

(二)90 年代以后

进入 20 世纪 90 年代,为大力发展职业教育,国务院于 1991 年 10 月 17 日发布了《关于大力发展职业教育的决定》,指出"职业教育的规模和水平影响着产品质量、经济效益和发展速度。发展职业教育,不仅是提高劳动者思想道德和科学文化素质、实现社会主义现代化的一项具有战略意义的基础建设,而且对于进一步巩固以工人阶级为领导的工农联盟为基础的社会主义制度具有特殊重要的意义。"《关于大力发展职业教育的决定》提出 90 年代发展职业教育的一项主要任务是,"要有计划地对现有各类职业技术学校加强规范化建设,并集中力量办好一批起示范和骨干作用的学校。要挖掘现有学校的潜力,扩大招生规模,特别是扩大中等职业技术学校的招生规模,使全国高中阶段职业技术学校的在校生人数超过普通高中的在校生人数。"

而且,《关于大力发展职业教育的决定》还要求在 90 年代要"使大多数新增劳动力基本上能够受到适应从业岗位需要的最基本的职业技术训练,在一些专业性技术要求较高的劳动岗位,就业者能较普遍地受到系统的严格的职业教育。"《关于大力发展职业教育的决定》强调加强对青少年进行职业教育、职业培训和发展成人教育。比如,广泛开展短期职业技术培训,指出,各地要根据教育的普及程度和经济发展水平,对小学后、初中后、高中后不能升学的青少年在从业前进行多种形式不同程度的短期职业技术培训,重视并积极发展对在职人员进行职前职后职业技术培训的成人教育。

1993年《中国教育改革和发展纲要》的颁布,为教育改革发展提出了明确的发展目标、方针、政策。《中国教育改革和发展纲要》指出,"全国基本普及九年义务教育(包括初中阶段的职业教育)":"未升学的初中和高中毕业生普遍接受不同年限的职业技术培训,使城乡新增劳动力上岗前都能得到必需的职业技术训练。"成人教育要把"大力发展岗位培训和继续教育作为重点。"扫除青壮年文盲,"把文化教育和职业教育结合起来。"

同时《中国教育改革和发展纲要》提出"各级各类职业技术学校都要主动适应当地建设和社会主义市场经济的需要。要在政府的指导下,提倡联合办学,走产教结合的路子,更多地利用贷款发展校办产业,增强学校自我发展的能力,逐步做到以厂(场)养校。"为落实《纲要》提出的目标和政策,1994年召开了全国教育工作会议,提出扩大德国"双元制"试点范围,认为"双元制"是普及初、中级职业教育,提高劳动者素质十分有效的教育制度和人力资源开发的经验。会议重申了90年代教育工作的重点是"调整教育结构,把提高劳动者素质,大力发展职业教育,摆在突出的位置。"并明确指出"大力发展初、中级职业教育和成人教育"。至此,以九年义务教育为基础,大力发展初、中级职业教育和成人教育就成为我国教育与人力资源开发的基本政策。

这个时期职业教育法制建设也有很大发展,1996年全国人大常委会通过了《职业教育法》。该法将职业教育分为三个层次,即初等、中等、高等职业学校教育。要求各级人民政府应将发展职业教育纳入国民经济和社会发展规划,职业教育与职业培训并举。

1997年5月国家教委发布了《关于招收应届中等职业学校毕业生举办高等职业教育试点工作的通知》。决定从1997年起,在北京等10个省(市)开展招收应届中等职业学校毕业生实施高等职业教育。普通高等院校按学科专业对口招收普通中等专业学校、职业高中、技工学校等三类中等职业学校的应届毕业生。

1999年1月,国务院批转的教育部《面向21世纪教育振兴行动计划》指出:要积极发展职业教育和成人教育,培养大批高素质的劳动者和初中级人才,尤其是要加大教育为农业和农村工作服务的力度。强调要继续实施初中后的教育分流,积极发展中等职业教育。

1999年4月26日至30日,联合国教科文组织在韩国汉城举行了题为"终生学习与培训——通向未来的桥梁"的第二届国际技术与职业教育大会。这次会议的中心议题是探讨21世纪职业教育的发展政策和策略,下设6个议题:21世纪变化中的需求对技术与职业教育的挑战;改进提供终身教育和培训的系统;革新教育和培训过程;全民技术与职业教育;改变政府和其他相关部门在技术与职业教育中的作用;加强技术与职业教育的国际合作。

我国代表张天保在大会发言中指出,一个国家发展职业教育的模式与办法,应从国情出发。目前,中国有55%的高中阶段在校生接受职业教育。中国职业教育的重点是高中阶段的职业教育,但是无论哪一阶段的职业教育都不应该成为终极教育。我国的政策是不但要创造条件使接受低一级职业教育的人能够继续接受高一级职业教育,而且要使接受职业教育的人在他们需要时也能继续接受教育。

这个时期我国职业教育发展的主要成绩和特点有如下几点:

1.建立了规模庞大的职业教育体系

在十一届七中全会上通过的《中共中央关于制定国民经济和社会发展十年规划和"八五"计划的建议》中指出:大力发展职业教育"同时广泛开展灵活多样的短期技术培训。到20世纪末,使农村绝大多数新增劳动力接受程度不同的职业教育或培训,企业新增职工接受必需的职前教育和岗位培训。"这是自 80 年代初以来,发展职业教育的指导思想首次以党的政策形式提出中等职业教育与短期职业技术培训并举的方针。大力发展职业教育,已由改革中等教育结构的初衷,开始成为我国全面提高劳动者素质的教育和人力资源开发政策。

表 3　1996 年各级各类职业教育基本状况(单位:万人)

	学校数		毕业生数		招生数		在校生数	
短期职业大学	82	0.44	3.18	1.03	3.86	0.92	9.88	0.90
中等专业学校	4099	21.92	101.87	32.89	152.34	36.46	422.79	38.51
技工学校	4467	23.89	68.11	21.99	72.68	17.39	191.81	17.47
职业高中	8515	45.54	120.79	39.01	158.23	37.87	395.75	36.05
职业初中	1534	8.20	18.76	6.06	30.68	7.34	77.52	7.06
总计	18697	99.99	309.64	100.9	417.79	99.98	1097.75	99.99

资料来源:教育部职业技术中心研究所,职业教育司编,《职业教育年度报告》,1996 年。

从中,我们可以看到中等职业教育虽然在整个职业教育体系中仍居主体地位,但是包括短期职业训练在内的其他职业教育类型也得到了一定程度的发展。同时,成人职业训练事业也有较大的发展(参见表4)。《职业教育法》总则第二条规定,"本法适用于各级各类职业学校教育和各种形式的职业培训。"第二章第十二条规定,"国家根据不同地区的发展水平和教育普及程度,实施以初中后为重点的不同阶段的教育分流,建立、健全职业学校教育与职业培训并举,并与其他教育相互沟通、协调发展的职业教育体系。"使我国的职业教育不再仅局限于学校职业教育,同时还包括各种职业训练在内,学校职业教育与职业培训逐步一体化。

表4　成人技术培训学校基本状况(单位:所/万人)

	1994 年	1995 年	1996 年	1997 年
学校数(所)	344829	398796	442768	452014
其中教育部门办(万人)	281539	321846	375117	381416
招生数(万人)	5583.03	6112.46	7101.55	7122.94
其中教育部门办(万人)	4187.94	4497.50	5525.92	5511.93
在校生数(万人)	4757.83	5329.15	5648.87	5726.88
其中教育部门办(万人)	3708.54	4158.74	4601.84	4518.29

资料来源:教育部　职业教育中心研究所　职业教育与成人教育司,《职业教育年度报告》,1995 年、1996 年、1997 年制。

与此同时,这个时期我国高等职业教育也获得了发展。到 1997 年底,全国职业大学共有学校 80 所,职业技术学院和技术高等专科学校分别为 8 所和 3 所;180 所部分独立设置的成人高校,对其 130 多个专业进行高等职业教育的试点;有 18 所中等专业学校举办了高等职业教育班。

这样,根据我国国情,从法律上确定了实施以初中后为重点不同阶段的教育分流,确立了一个从初级到高级、职前与职后相结合、正规学校教育与多种形式的短期培训、职业教育并举,并与其他教育相互沟通、协调发展的多层次、多形式、多渠道的符合中国国情发展需要的职业教育体系。

2.职业教育和劳动人事制度相结合

1980 年《关于改革中等教育结构的报告》提出中等教育结构改革。"涉及到国民经济的发展计划、劳动制度以及安排广大青年的学习和就业问题。"第一次在理念上认识到了职业教育同劳动人事制度两者的关系问题。

为改变人们轻视职业教育的社会观念,1985 年《中共中央关于教育体制改革的决定》要求"改革教育体制的同时改革有关的劳动人事制度,实行'先培训,后就业'的原则。""今后各单位招工,必须首先从各种职业技术学校毕业生中择优录取。一切从业人员,首先是专业性技术性较强行业的从业人员,都像汽车司机经过考试合格取得驾驶证才许开车那样,必须取得考核合格证书才能走上工作岗位。""有关部门应该制定法规,逐步实行这种制度。"这就用职业资格制度将职业教育和就业、劳动人事制度联系起来。

1991年国务院《关于大力发展职业教育的决定》又强调指出,"各级政府和有关部门应该制定有关法规,采取必要的行政和经济手段,有步骤地推行'先培训,后就业'原则。""凡进行技术等级考核的工种,逐步实行'双证书'(即毕业证书和技术等级或岗位合格证书)制度。""在农村完善农民技术人员职称评定制度,并视条件逐步实行农民技术资格证书制度"等,在职业教育、劳动制度和就业之间的关系上,进一步推行了职业资格证书制度化。

1993年10月,党的十四届三中全会首次明确提出,国家实行学历文凭和职业资格证书并重的制度。1994年制定的《劳动法》规定"国家确定职业分类,对规定的职业制定职业技能标准,实行职业资格证书制度。"1996年《职业教育法》的第一章第八条明确规定,"实施职业教育应当根据实际需要,同国家制定的职业分类和职业等级标准相适应,实行学历证书、培训证书和职业资格证书制度。"这一系列法规的制定从根本上保障了职业教育和劳动制度相结合的"双证书"制度之实施。

1999年5月我国正式颁布和发行《中华人民共和国职业分类大典》,这是我国第一部对社会职业进行科学规范地划分与归类的权威性文献。它为开展职业教育和培训,进行职业介绍、职业指导提供了重要依据。同年7月国家颁布《关于积极推进劳动预备制度加快提高劳动者素质的意见》。《意见》提出,从1999年起,在全国城镇普遍推行劳动预备制度,组织新生劳动力和其他求职人员,在就业前接受1—3年的职业培训和职业教育,使其取得相应的职业资格或掌握一定的职业技能后,在国家政策的指导和帮助下,通过劳动力市场实现就业。实行劳动预备制度的主要对象是城镇未能继续升学的初、高中毕业生,以及农村未能继续升学准备从事非农业工作或进城务工的初、高中毕业生。

这个时期,我国的职业教育在劳动人事制度的改革方面,由理论探索进一步发展为在法制上以"双证书"制度和劳动预备制度的形式,为不同文化水平、不同层次、不同职业的各种劳动力接受职前职后职业技术培训,提供了一个制度化环境。

3.职业教育管理体制的完善

1980年《关于改革中等教育结构报告》指出要加强对中等教育结构工作的指导。"建议各省、市、自治区建立领导小组,吸收有关单位参加,统管中等教育结构改革和职业教育。地方,特别是市、县两级,要在党委的统一领导下,把教育结构的调整改革和经济结构调整改革结合起来,紧密结合当地经济发展和劳动就业的需要,提出职业教育发展规划,组织教育、劳动、计划、财政等有关部门具体实施。"1986年5月30日我国设立了职业教育委员会。该委员会是国家教委领导下的一个负责全国职业教育的协商、咨询机构。

1991年《关于大力发展职业教育的决定》在"加强和改善对职业教育工作的领导和管理"方面指出,①各级政府及中央与地方的各有关部门要对职业教育分工负责;②发展职业教育主要责任在地方、关键在市、县;③要重视发挥各业务部门在发展职业教育中的作用;④各地和各部门要落实和加强对职业教育的管理,等等。进一步确立了我国职业教育管理体制的基本框架。

1996年的《职业教育法》,标志着我国职业教育管理体系的进一步完善。该法第一章总则第十一条规定:"国务院教育行政部门负责职业教育工作的统筹规划、综合协调、宏观管理。国务院教育行政部门、劳动部门和其他有关部门在国务院规定的职责范围内,分别负责有关职业教育工作。县级以上地方各级人民政府应当加强对本行政区域内职业教育工作的领导、统筹协调和督导评估。"

这样,我国就形成职业教育的三级管理体制,即中央教育行政部门宏观负责职业教育工作及其学历教育,劳动部门和其他有关部门在一定的职责范围内,具体负责各自分管的职业教育工作。在中央大方针的指导下,由地方政府统筹管理。省级政府部门的职责是要把职业教育纳入当地经济和社会发展规划,对职业教育行使决策权。各级教育行政部门负责加强对职业教育与成人教育的统筹管理,推进农村、城市、企业的教育综合改革。县(市)级政府部门具体行使直接管理权,积极推进农科教结合和三教统筹,促进职业教育的改革。

4.职业教育办学体制的改革

职业教育是我国教育制度的重要组成部分,在改革中由于涉及到国民经济的发展计划、劳动人事制度等问题,所以强调教育部门要与其他有关计划、经济、劳动、财政等部门相互协调,共同办好职业教育。因此1980年《关于改革中等教育结构的报告》指出,"凡是培养技术人员和干部的职业(技术)学校,以教育部门为主综合管理,劳动部门配合;凡是以培养后备技术工人的职业(技术)学校,以劳动部门为主综合管理,教育部门配合。"即中等专业学校主要由行业或系统主管部门办学为主,技工学校以劳动部门或行业企业办学为主。这样就形成我国职业教育条块综合管理的办学体制之基调。

1985年随着我国对外开放,对内搞活经济体制改革的全面展开,在城市要适应提高企业的技术、管理水平和发展第三产业的需求,在农村要适应调整产业结构和农民致富的需要,为此就必须大力发展职业教育。同时考虑到发展教育事业就需要增加投资。但是国家对教育投资又受到经济发展水平的限制,因此,1985年《中共中央关于教育体制改革的决定》,指出"发展职业教育,要充分调动企事业单位和业务部门的积极性,并且鼓励集体、个人和其他社会力量办学"。同时"要提倡各单位和部门自办、联办或与教育部门合办各种职业技术学校。"自此,开始鼓励社会力量办学。1986 年 6 月 23 日国家教委、国家计委、国家经委联合发出《关于经济部门和教育部门加强合作,促进就业前职业教育发展的意见》,进一步强化了学校和企业间的关系。

此后,1991 年《关于大力发展职业教育的决定》明确指出,职业教育是全社会的事业,必须采取大家来办的方针。"要在各级政府的统筹下,发展行业、企事业单位办学和各方面联合办学;要充分发挥企业在培养技术工人方面的优势和力量。"而且,规定各级政府、各级财政部门、各有关业务主管部门及厂矿企业等要从财力和政策上支持职业教育的发展,努力增加对职业教育的投入。

因此,为进一步明确职业教育的办学职责,1996 年的《职业教育法》总则第一章第六条规定:"各级人民政府应将发展职业教育纳入国民经济和社会发展规划。行业组织和企业事业组织应当依法履行事实职业教育的义务。"在此原则下,第三章第十七条明确指出:"县级以上地方各级人民政府应当举办发挥骨干和示范作用的职业、职业培训机构,对农村、企业、事业组织、社会团体、其他社会组织及公民个人依法举办的职业学校和职业培训机构给予指导和扶持。"并强调"政府主管部门、行业组织应当举办或者联合举办职业学校、职业培训机构,组织、协调、指导本行业的企业、事业组织举办职业学校、职业培训机构。"(第十九条)"企业应当根据本单位的实际,有计划地对本单位的职工和准备录用的人员实施职业教育。"(第二十条第一项)企业可以单独举办或者联合举办职业学校、职业培训机构,也可以委托学校、职业培训机构对本单位的职工和准备录用的人员实施职业教育。"(第二十条第二项)。

通过法律明确了:①各级政府的职责在于统筹规划,发挥骨干、示范、指导、扶持作用,大力发展农村职业教育;政府主管部门和行业组织举办职业教育;②企业的职责在于有义务举办职业教育,并规定了企业举办职业教育的方式,指出从事技术工种和特殊工种作业的工业必须经过培训;③提倡和鼓励其他社会力量举办职业教育。特别值得一提的是明确了企业在职业教育方面的职责。这是我国职业教育适应经济体制市场经济化的重要举措和变革。

这样,随着我国 90 年代计划经济体制向市场经济的转型,一方面政企分开,资源配置主体发生了变化,另一方面随着我国经济发展和科学技术的进步以及产业结构的调整,新产业和职业岗位不断出现的同时,许多行业、职业岗位正趋向融合、复合。因此我国的经济发展对各类应用型人才的需求和实施科教兴国战略对提高劳动者素质的需求,使现有已形成的办学规模远远不能满足行业用人部门的需要,这就要求各行业主管部门和行业组织采取积极措施,大力发展职业教育。

在这种形势下,职业教育办学体制开始由教育部、劳动部协调管理的模式,发展为各级政府和各级各类社会力量协同办学的管理体制。改变了过去政府包揽的格局,逐步建立起以政府为主,社会各界共同办学的体制。我国的职业教育已不再局限在历来的公有制型的办学体制上,办学主体已形成多元化局面。

5.职业教育的投资制度

我国的职业教育,长期以来一直由政府拨款,拨款数额和实际需要差距很大。因此经费问题一直是困扰职业教育发展的一个问题。为建立合理的、公平的投资制度,我国职业教育一直在进行着探索和尝试。

1980 年《关于改革中等教育结构的报告》中,就曾提出"职业教育应有专项经费开支。各省、市、自治区可根据实际情况,制定具体开支规定。"提出"半工半读、半农半读",坚持勤俭办学、勤工俭学。其收入应主要用于学校经费开支和办学条件。具体原则是中等专业学校和技工学校基本上坚持谁办学,谁出钱,对各类职业中学和农业中学,则提倡自力更生,勤工俭学,没有明确的、稳定的办学经费投入形式。同年国务院发布 252 号文件,规定了职业中学经费来源渠道。在自愿的基础上鼓励社会力量,包括单位、集体和个人捐资办学,根据协商一致、自愿互利的原则实行委托培养或向用人单位酌收一定数量培养费的办法,以扶助职业中学的发展。随后,教育部、劳动人事部、财政部、国家计委又联合发布(83)006 号文件,将职业中学办学经费问题用行政法规约定下来:在国家预算收支中,教育事业费中单列职业经费。同时,自 1983 年,中央财政每年对教育部门办的职业教育一次性补助 5000 万元人民币。

随着我国经济体制的改革,为满足各行各业对人才的需求,1985 年《中共中央关于教育体制改革的决定》指出,职业学校"可以接受委托为其他单位培训人才并招收自费学生",同时《决定》提出的"先培训,后就业"原则及"谁用人,谁出资"的原则,就将我国职业教育引入商品经济之中。

1991 年《关于大力发展职业技术教育的决定》指出,"除国家投资以外,要提倡利用贷款,有关部门要为职业技术学校使用贷款创造条件,并鼓励集体、个人和其他社会力量对职业教育捐资办学。"并规定"非义务教育阶段的职业教育,可以收取学费,用于补充教学方面的开支。"由此,可以看到,我国政府逐渐放宽了对职业教育的经费来源的控制,力图多种渠道办学,以振兴职业教育。

直到 1996 年《职业教育法》的颁布和实施,职业教育才有了明确的、稳定的经费投资形式。现行《职业教育法》明文规定,"国家鼓励通过多种渠道依法筹集发展职业教育的资金。"(第 4 章第 26 条)并对职业学校的经费制度(第 27 条)、企业用于职业教育经费的责任和义务(第 28、29条)、地方教育税的使用(第 30 条)、农村职业教育的经费制度(第 31 条)、学费的收取(第 32 条)、职业学校及职业培训机构的收入和使用(第 33条)、金融机构的资助和国家奖励(第 34 条、35 条)等方面做了具体的规定。

这些条文从法律上提出了对职业教育经费保障的规定。第一,规定政府保障职业教育经费的责任在于制定职业学校生均经费标准;保障职业教育的财政性经费逐步增长;加强职业教育经费的管理,任何组织和个人不得挪用、克扣职业教育的经费。第二,规定企业应承担本单位职工和准备录用人员的职业教育的费用。第三,规定各级政府可将农业科技开发推广费用用于农村职业教育的经费。第四,职业学校、职业培训机构可以对接受职业教育的学生收取学费。第五,规定职业学校、职业培训机构举办企业或开展其他有补偿性社会服务,以其经济收入来补充办学经费的不足。第六,鼓励金融机构运用信贷手段来支持职业教育的发展。第七,鼓励企业、事业单位、社会团体、其他社会组织及公民个人,对职业教育捐资助学。

表5　1994—1996年职业教育经费的变化(单位:亿元/％)

项目	1994年	1995年		1996年	
	年额	年额	年增％	年额	年增％
财政性职教经费	115.40	138.87	20.34	163.67	17.79
社会团体、公民个人办学经费	1.49	2.27	52.35	2.64	14.75
社会捐集资	4.32	6.91	59.95	7.25	4.92
学杂费	23.25	34.20	47.10	43.58	27.43
其他经费	6.91	9.27	34.15	11.87	28.05
合计	151.23	191.52	26.52	228.92	19.53

资料来源:教育部职业技术中心研究所,职业教育司与成人教育司编,《职业教育年度报告》,1996年。

这样,职业教育经费就通过财政拨款,行业组织、企业、事业组织及用人单位合理承担,办学主管部门自筹、受教育者缴费、社会捐助等多种渠道筹集。由此表我们可以看到，职业教育投入在1996年《职业教育法》颁布前后的变化。说明随着我国由计划经济向市场经济体制的转型，多种渠道办学机制的形成，对职业教育的投入也呈现多元化。

三、中国职业教育的发展方向与面临的课题

（一）迎接现代社会发展的挑战

在知识经济时代，最终决定一个国家和地区社会发展速度的不是物力资本，而是人力资本，即劳动力的数量和质量。为能使社会可持续发展，就必须从提高劳动者的素质入手。在知识与经济的互动因果关系中，知识是决定经济之因。也就是说，在知识经济时代，劳动者的综合素质和知识水平将比20世纪更为深刻地影响着社会的发展。为此，面对信息革命带来的经济迅速发展和文化深刻变革，人们不得不重新界定"人才"的内涵，人才不再属于狭义的精英范畴，更包括多品格的高素质者群体。这也为职业教育带来了新的挑战和机遇。

发达国家已经开始从工业社会向信息社会迈进。在信息时代，人的智能和知识将作为主要资本不断代替机器和厂房等物的资本。因此，对于不断学习不断适应，拥有新知识的人来说，新时代意味着一个充满机遇的世界；对于那些没有新知识的人来说，新时代则意味着旧工作消失之际，便是他们将面临失业。因此，信息社会比任何时代都更要求人们关注职业教育及职业培训，要求人们关注职业教育与社会发展变化之密切联系，要求职业教育更能体现时代的变化、科学技术知识的更新。

我国目前农村有1.3亿剩余劳动力，此外，城镇还有大量的新增和转岗、转业人员等劳动力资源。这其中包括中国15—24岁年龄段的就业人

员。胡鞍钢指出,"我国15—24岁年龄段就业率过高。16岁以后离开学校的占60%,20岁以后离校的占90%以上。"因此,随着我国经济由劳动密集型、资源密集型转入技术密集型、资本密集型的速度之加快,所有这些劳动力资源在就业前或转岗前都必须接受必要的职业培训。这就为职业教育的发展提出了一个新的问题。

1.职业教育应具有前瞻性

现代社会是一个走向信息社会、知识经济的社会。"知识经济给我们最重要的启示就是知识已成为最重要的资本形态——知识资本,并已成为生产要素中最活跃的起决定作用的因素人是知识生产与创新的主体,既决定着知识生产的广度与深度,又决定着人自身的素质,从而使知识人的造就成为制约和影响知识生产与创新的直接原因"。而知识经济的出现,无疑是又一次世界性产业升级机遇。每个落后国家都想缩小与发达国家的差距,但真正做到这一点,必须注意确定科学技术坐标。因为"知识经济对于已完成工业化的发达国家而言,是生产力发展的自然结果,顺理成章;对于首先要通过工业化改变二元经济结构的发展中国家而言,则意味着要不甘落后、抓住机遇,就必须将工业化与知识化两步并作一步走……由于科学的加速发展以及科技进步转化为经济增长的过程不断加快,后发国家已经没有了从容实现工业化的可能。发展中国家面临的挑战显得更为严峻。"[①]

孙小礼指出,"发展中国家接受现代科技革命的影响,主要来自于两个途径:一是现代科学技术理论、科学知识在发展中国家的普及教育与传播以及发展中国家为实现工业化积极引进发达国家的先进技术;二是发达国家向发展中国家转移高能耗、高污染、劳动密集型产业,增强了发展中国家实业实力及吸收高技术的基础。"[②]其结果导致,发展中国家,

---

① 方新,《知识经济的挑战》,人民日报,1998年10月10日。
② 孙小礼主编,《科学技术与世纪之交的中国》,人民出版社,1997年,第109—110页。

"由于新技术的引入造成第一产业劳动生产率提高,从而降低就业人口,大批农业人口转入城市,而这些国家工业基础很差,在工业化过程中一时难以建设大批工业企业以接纳大批从农业转入城市的人口。大批农业人口成为城市游民,这些人一方面缺少现代科学知识与专门技术,另一方面又难以接受教育与培训的机会,在城市中从事简单服务业劳动,造成一种服务业的'虚假发展'现象,也就是通常所说的'二元型'经济的畸形发展。"①

但发展中国家的第二产业就业结构变化相对复杂。从发展中国家工业和制造业的就业结构变化来看,有两种情况:一是工业比重增大,同时其产值也在增大,这是工业化的必然结果;二是尽管工业产量和投资增加。但其全部工业部门和制造业比重却未增加或只微小增加——原因在于引进西方发达国家先进设备,而这些机械设备的技术设计标准远超过本国技术水平,因而无法发挥设备利用率,造成就业比重偏低。也就是说,普通劳动力资源过剩,而智力创造型人才和熟练的技术工人不足,导致了技术性失业和经济资源的极大浪费,其根本原因是发展中国家的职业教育与培训滞后于现代科学技术的发展。在迈进信息社会的今天,这无疑加重了职业教育的紧迫感和使命感。

我国情况也是如此,第二、三产业吸收就业人口缓慢,再加之引入新技术,造成了产生结构性失业的社会现象。

虽然我国政府推行"先培训、后就业"的政策,职业技能开发工作取得重大进展,职业技能开发政策法规建设和职业分类、职业技能标准制定工作都得到加强,职业技能培训实体也迅速地发展起来。

80 年代后期,由于西方发达国家市场经济体制已相当完善,资本与技术在全球范围内自由流动,他们向发展中国家所转移的已不仅是高能耗、高污染、劳动密集型的"夕阳工业",还包括大批高科技产业。面对世

---

① 同上,第112页。

界范围内开放、合作技术,资本自由流动不可逆转的趋势,我国一方面要加强电子与信息技术的研究与开发——高新技术产业、推动通讯、情报咨询等第三产业的进一步发展。另一方面,以高新技术改造传统工业,创造新的产业部门。这是整个产业结构变革的核心。再有,大力推行"绿色革命",发展现代农业,并在农村建立第二、三产业,使之成为工业集镇或商贸集镇。5天工作制的实行和余暇的增多,必将促进文化娱乐、旅游及商业等第三产业的迅速发展。

因此,就为我国的职业教育提出了一个重要的课题,我们该怎样适应产业结构的变化以推动社会的发展需要?一方面,职业教育不能消极适应,而应积极促进产业结构升级的进程。随着我国经济发展和科学技术的进步以及产业结构的调整,新产业和职业岗位不断出现的同时,许多行业、职业岗位正趋向融合、复合。而按原来产业结构布局的中等职业学校,由于行业性太强,专业过于单一,服务面偏窄,已经不能适应变化后的产业结构和区域经济发展对人才培养的需要。所以必须对产业结构性调整和新兴行业、职业的出现,做较为全面的前瞻性预测,进行职业信息的收集、整理、分析、发布以及学校的职业指导等方面的工作。避免职校专业设置盲目,进而导致毕业生就业的结构性失衡和人力资源的浪费。

另一方面,也要从我国就业人口众多、产业改造能力和生产现代化能力比较低的国情出发,不能单纯模仿和沿用西方发达国家产业人口的结构比例和职业教育专业,应清楚地认识到,我国的传统产业不可能在短期内绝大部分地被改造为高新技术产业,在以后相当长的一段时期内,具有中国特色的知识经济仍将是主流,第二产业、第三产业的职业教育与培训仍需要大力发展。

2.职业教育应将提出职工素质作为基本使命之一

今天的职业教育发展正处在转轨变型的关键时期,一方面要与国际经济和科技教育接轨,另一方面要与我国产业结构的改革和所有制形式的多样化产生的一批新行业、新工种、新职业接轨。技术工人的内涵和外延都在进一步丰富和延伸,企业减员增效和下岗职工的再就业标志着企业对技术工人的素质要求也在不断提高,加之,每年新增的数以万计的劳动力。

这说明我国职业教育拥有广阔的前景市场。在经济全球化的进程中,资金、先进的技术及设备可以引进,但是大批的高素质、高技能的技术工人却无法引进。

有的学者指出,产业技术工人的整体素质取决于两个因素:第一是原有的基础,第二是继续教育。我国产业技术工人群体的三特征:第一,文化程度普遍低下,中高级技工严重短缺。第二,3亿产业工人中,高技术工人比例不足2%,而且,许多高级技师还是因为年龄接近退休而"熬"成的。中高技工严重短缺。第三,由于文化程度普遍低下,产业工人接受继续教育的机会很少。

所以,要提高全产业的工人技术水平,就是要开发高素质的劳动力资源,大力发展职业教育,对现有劳动力资源进行继续教育。职业教育有责任培养一流的劳动力资源,为新世纪的中国培养高素质的产业工人生力军。我们的职工培训,就是要将巨大的人口负担变为劳动力资源,将丰富的劳动力资源变为人才资源。为此,必须大力开展职工教育,实施岗位培训多样化,开展各种转业、转岗、再就业培训,开发人力资源。同时,要面向企业、面向生产、按需施教,从本行业本专业的实际出发,根据专业的需要,人才的需要,受教育者的需要,直接有效地为经济建设服务。

3.大力发展高等职业教育

(1)大力发展高等职业教育是社会生产力、科技发展的必然产物

职业教育是最能够反应技术变革和经济结构变革的教育部类。在人类进入以微电子技术和计算机技术为标志的现代社会里,技术发展与

职业教育改革间体现得更为鲜明。工业革命前的手工业者和作坊主掌握的是经验技术，工业革命后出现了技术的科学化，从而形成理论技术。随着20世纪中叶高技术的应用，更使理论技术的发展达到空前的规模与水平。理论技术的出现是技术内涵的质变，是技术水平的提升。英国教学理论家罗米索斯基将技能分为再生性技能和创造性技能。随着技术水平的提高，各类技能的价值也在发生变化。技术的发展使得再生性技能的价值下降。但是电子计算机等高技术设备的出现，从总体上分析并没有替代人类的创造性智力技能。所以，随着技术发展，创造性智力技能的价值在不断提高。而高职教育就是针对高技术职业岗位的，因为在这些岗位知能内涵组成中，创造性智力技能占有较大比重。这就必然促使高等职业教育的产生和发展。

（2）人才需求结构决定了高等职业教育需要大力发展

20世纪初，随着机器设备的复杂化，使得在原有的工程师（"白领"）与工人（"蓝领"）之间增加了一层中介——技术员，这部分人常被人们称为"灰领"。随着经济技术条件和社会文明程度的提高，大多数"灰领"岗位的技术含量与文化含量增加了。从社会人才层次来说，高等教育培养"灰领"就成了自然而普遍的现象。

我国自80年代以来，随着科学技术和社会生产的发展，工业化程度的提高，新兴产业的出现，原有的一些工作岗位的技术含量增加、技术要求提高，新的对智能要求高的工作岗位不断涌现，现有的中等职业教育培养出来的人已不能适应。在许多行业和地区出现了对高级技术应用人才的紧迫需求，有些企业甚至出现了工段长层次技术人员的严重短缺。从社会需求来看，高新技术产业和乡镇企业，中、高级实用型人才严重不足。而这类人才是我国传统的单一类型的高等教育所无法培养的。劳动力市场要求培养有别于现有的普通高校培养规格的技能型人才，以适应一些新岗位的用人要求。

另一方面在知识经济时代,社会需要大量高素质、高文化、高技能的劳动者。随着世界走向数字化,就出现了网络经济,而为开发网络经济等新的技术资源,就需要为发展新经济补充亟须的技术人才。而这类人才正是高等职业教育面向 21 世纪信息社会适应科学技术及劳动力市场需求变化所需要培养的。所以,逐步扩大高等教育规模,探索以高等职业教育为主的多种高等教育体系,培养更多经济建设所急需的高层次应用型人才,就是我国实施"科教兴国"战略的重要举措。

(3)从教育内部来看,发展高等职业教育必须具备必要的条件和基础

首先是中等职业教育的充分发展,因为它能为高等职业教育提供充足的生源且积累了丰富的理论和实践经验。随着社会的发展,加快了知识更新的频率和新技术的应用,学校为学生的一次性"知识储备"已经无法满足社会迅速发展的需要。这就需要学生不断学习、不断提高接受新事物和学习新技术的能力,才能适应社会经济飞速发展的需要。目前,企业对员工的素质需求普遍提高,迫使职业高中很多毕业生不得不离开第一次就业岗位,去参加各种培训,或进入高等职业学校和成人高校继续深造,以适应人才市场的需求变化。

因而,随着高新技术的迅速发展,职业教育的科技含量急剧上升,大力发展高等职业教育的意义也在于,为职高或今后的就业教育提供了再提高、再学习、再就业的终身教育机会。正如,《知识经济时代的成功法则》的作者莱斯特·瑟罗所言:"今天的高中毕业生也得到了这样一种或明确或含糊的信息,'你在任何公司中都不大可能被终身雇佣。你要学会对自己的终身职业负责,管理好自己的终身职业。'"间断性学习成为人生命中一个重要组成部分。可以说,与中职相衔接的高等职业院校的发展、职业教育的高移化是社会生产力发展对教育结构合理化的必然结果。

(4)普通高中的普及是大力发展高等职业教育的社会条件

在我国,高中毕业生是社会文明程度较高的人群。当今多数适龄青年以升学和获取高等学历为主要目标,多数家长也把子女的智力投资作为第一投资取向。目前我国每年毕业的高中生不过 200 多万,比每年毕业的大学毕业生多一倍,但升入大学的人数毕竟不是多数。高等职业教育应高度重视这类因我国高等教育规模不足,而无法得到正式的高等学历教育的人力资源。相对于中等职业教育的毕业生,普通高中毕业生具有较强的理论文化背景。他们所具有的知识既是继续学习所必需的知识,又是各行各业都要应用的基本知识,他们具有塑造性和可持续学习的基础。所以从长远的角度考虑,随着科学技术和经济的发展,我国社会产业结构的调整和职业专业知识更新速度的加快,有一定的高中知识基础,就更易适应知识经济时代对劳动者素质的高要求,更易在基础理论、专业理论和专业技术上接受高等职业教育。

那么,如何发展高等职业教育?

(1)从整个职业教育体系的发展和建构来看,发展高等职业教育,只有打通和扩大中等职业教育对口升入高等职业教育的通道和比例,才能改变中等职业教育是终结教育的陈旧观念,引导和促进中等职业教育的改革和发展。从这个意义上讲,发展高等职业教育也是完善我国职业教育体系、体制的需要。

《面向 21 世纪教育振兴行动计划》明确指出,根据《教育法》和《职业教育法》,要努力建立符合我国国情特点的职前与职后教育培训相互贯通的体系,使初等、中等和高等职业教育与培训相互衔接,并与普通教育、成人教育相互沟通、协调发展。在高等教育层次上,要通过"三改一补"(即改革现有的高等专科学校、职业大学、成人高校,和少数重点中专校举办高职班做补充)和部分本科院校设立高等职业技术学校,积极发展高等职业教育。我国今后一个时期高等教育所增加的入学名额,将主要用于发展高等职业教育。这必然会带动整个职业教育的重心向高层次方向移动。

当然,我们还必须看到现实中存在的问题。近几年,我国部分高校改革招生制度,对口招收中等学校优秀毕业生入学,这不仅为职业教育的毕业生提供了接受更高层次教育的机会,而且也有利于满足经济和社会发展对高等职业技术人才的需求,有利于职业教育体系的形成。但在实施"对口高考"的过程中,职业学校自觉或不自觉地把主要精力用在了"对口高考"上,偏离了职教的办学方向。

与此同时,中等职业教育经过多年的发展,虽已取得不小的成绩,然而由于社会上"普高热"中职内部"自考热"的不断升温,使中职教育面临着严峻的挑战。应当承认,随着社会经济和企业技术装备水平的不断提高发展,学历层次高移是必然的趋势,可供中等职业教育毕业生选择的就业机会会越来越少。由于职业学校所设课程与高考或成人高考不接轨,因此又缺乏竞争力,使中等职业教育毕业生能够就业升学都不易。据 1997 年统计,我国真正上高等职业学校的职业高中生只占 0.8%。所以,各级政府应采取一些相关政策扶持中职,搞好中职与高职的衔接工作。从高等职业教育的培养目标来看,高等职业教育主要培养技术型、应用型人才,强调实践能力。而这也是中等职业教育的办学特点,是两者接轨的内在优势。高等职业教育招生若以中等职业教育为主,会改变现行的招生办法,突出职业教育的特点,必然会带动整个职业教育的改革,为我国建设培养更多的技术型、应用型人才。这样,既满足了他们接受高等教育的愿望和社会需要,又缓解了就业压力。因此,随着我国高中教育的逐步普及,大力发展高等职业教育势在必行。

(2)建立开放动态的职教体系。就是说,高等职业教育应该和其他层次与类型的职业教育共同组成一个开放动态的职教体系。作为职业教育的高级层次,高等职业教育并不是到专科就封顶,应根据经济与社会发展的需求,进一步向更高的层次延伸发展。因为"知识信息的飞速增长,现代技术的不断涌现,产业对新知识、新技术的依赖性越来越强,大专层次的高等职业教育已无法满足经济发展的需求。"所以"教育主管部门要有前瞻性,重视发展本科层次和研究生层次的高等职业人才培养。"①

（3）在培养模式上,突出职业教育的技术应用特色。积极推行高等职业教育的产学合作,以培养面向地方经济建设和社会发展,培养工农业生产、服务业和基层管理所需的在生产第一线工作的高级技术应用型、操作型、实务型人才。同时在办学层次上,不能搞"一刀切",要因地制宜,根据本地区本行业或区域经济对高等职业教育人才的需要,积极探索适合自身特点的办学模式。

（4）在专业和课程设置上要体现未来适应性。高等职业教育是针对高技术职业岗位的,随着科学技术的发展和知识更新速度的加快,职业岗位及其内涵的变动也非常频繁,对高职人才的适应能力要求也愈来愈高。因此,专业和课程设置既要有面向地方经济发展需要的针对性、岗位性和适应性,又要有面向未来经济社会发展需求的前瞻性,使学生获得可持续学习的基础。

最后,为大力发展高等职业教育,改变我国高等职业教育起步较晚,办学时间不长,经费投入严重不足,缺少实践基地等先天不足的现状,国家一方面在政策保障和经费投入等方面要统筹管理,大力扶持高等职业教育。另一方面又要改变国家单一办学的格局,充分发挥地方政府、大型企业、社会团体和民间个体兴办教育的积极性,搞活高等职业教育的办学体制。总之,只有全社会形成重视职业教育的社会氛围,积极参与高等职业教育事业的建设,高等职业教育才能获得稳定的发展。

（二）学习化社会中的职业教育

社会环境不断改变,人类的教育活动亦须适时调整。首先,科学技

---

① 王武,《世纪之交对发展高等职业教育的若干思考》,《高等职业教育》,1999 年第 2 期。

术的进步,不仅表现在知识更新上,更反映在科技的应用和普及上。科学研究创造了新知识,也淘汰了旧知识,激发了人们终身学习的意念与需求。其次,科学技术的进步,促使休闲时间逐渐增加,这又为人们终身学习提供了时间上的可能。因为随着工作效率的提高和物质生活日渐富裕,使得个人有余暇用来自我充实、自我成长、自我实现。因此,工作—休闲—学习交替进行的循环学习观,已经逐渐取代过去传统教育—工作—退休的直线学习观。

未来的社会也将是以学习为中心的社会。学习需求已不再局限在传统的学校教育阶段,而是将贯穿于人的一生。因此,在以学习需求终身化、学习人口全民化、学习保障人性化、学习目标全人化、学习系统开放化、学习资源统整化、教育供给私有化、学习形态个人化、资讯交流全球化、学习成就多元化为特征的学习社会中,我们必须重新认识职业教育的社会角色和职能。

1.职业教育终身化

信息技术的出现及由此产生的新教育观念认为,教育必须成为一个贯穿终身的过程,以适应工作和社会不断变化的需求。联合国教科文组织总干事费德里科·马约尔说:"在人类历史上,还从来没有出现过这样的情况:所有地方的社会、所有地方不计其数的人们,给教育赋予了如此重要的意义和价值。我们需要一个'学习的世界'来与'信息社会'相匹配。人们正迫切需要一个名副其实的学习世界,一个人人都有机会实现自己潜力的世界。"

首先,职业教育与终身教育结合的认识是社会经济发展的需要,是学习化社会的必然结果。知识爆炸的时代,加快了知识更新的频率和缩短了新技术应用的周期,科研成果的转化愈来愈迅速。这就决定了学校对学生的一次性"知识储备"已经无法满足社会飞速发展的需要,职业教育再也不是终结性教育。与此同时,生产企业对员工的素质需求普遍提高,又迫使他们不得不去参加各种培训,或进入成人高校来不断提高或者进一步深造。

这种形势要求职业教育,一方面要遵循市场规律,以社会人才市场需求为导向设置专业,以行业标准为专业课教学的基本标准,针对一个职业类群来确定教育内容,以为社会的现代化建设造就工业、农业、商业等各行各业有文化、懂技术、业务熟练的劳动后备军为主要任务。另一方面,又要按照教育规律办学,认识到教育有一个周期过程,"用可持续发展的理论,看待就业教育与终身教育二者的结合。职业高中的教育任务不仅要使教育者具备较强的第一次择业竞争的实力,同时,还必须具有再提高、再学习、再就业的基本能力素质。"

其次,从学生个性发展的需要来看,一方面学生就业后要能够适应岗位要求,另一方面学生又希望根据个人的爱好和特长,选择自己喜欢的工作。因此,职业教育要防止以岗位需求为本,而放弃学生个性的发展,应当培养适应现代社会发展要求的复合型人才。同时只有将就业教育与终身教育相结合,职业教育才能真正成为学生获得全面发展的教育。

所以,从某种意义上讲,职高教育就是就业教育与终身教育的结合。终身教育是人的知识和技能的不断构建,是人判断能力和行为的不断构建。它把正规学习和非正规学习、把发展潜力和获得新技能有机地融合在一起。因此,职业教育就必须适应学习社会、终身教育社会的时代发展,将就业教育与终身教育相结合起来。

2.加强职业培训在人力资源开发中的作用

在信息化时代,学校在教育上占垄断的地位将逐渐结束。整个社会不仅是一个巨大的电子化的、自动化的、快餐式的以及金融的服务市场,而且它还是一个巨大的一体化的教育市场。因此学校教育要和其他行业、特别是企业进行产教结合才能回应信息化对教育的冲击与挑战。

英国、美国、德国等发达国家的职业教育机构都开始推行所谓的"三明治"教育体制,即学生一段时间在校学习,一段时间去工厂实习,工读交替进行。这种教育体制能把工程设计、研究、实验与教学融为一体,使学生能在所选择的典型环境中深刻领会学习内容,并伴有各种社会、经济、生产革新等活动。它不仅给学生提供书本理论知识和实践知识,而且使学生获得一种工作经历。同时,这种产学合作的职业教育培训体制也体现了平等互惠、资源共享与共同发展的现代化人的精神。

因为职业教育重视实践环节,培养实用人才,所以企业就有必要参与职业教育的建设,实施与企业一体化。同时,企业自身为迎接新技术挑战,提高劳动生产率,也必须对从业人员进行经常性的在职培训,这已成为世界职业教育的一种必然趋势。在英国,员工发展被视为企业界的主要课题,而终身学习与工作相关的训练又被视为员工发展的两大支柱。在科学技术迅速进步的信息社会,员工素质的优劣不仅仅体现在既往的教育程度和工作资历方面,更重要的是员工本身能不断地学习与成长。

众所周知,技能与知识是经济成长的关键,关系着国家在国际市场的竞争力强弱及企业在市场竞争中的生死存亡,而企业的成长与竞争有赖继续教育与训练。因此,面对全球竞争的挑战,人力培训与开发是企业的必要投资,也是增强竞争力的根本。因为企业的生产力与竞争力来自员工的学习能力,员工的学习能力又依赖企业的对人力资源开发的投入。

目前,随着科技进步,越来越完善的自动化系统、机器人和计算机正在逐步代替人的劳动,一些先进国家纷纷出现"结构性"失业,即现有知识无法满足生产需要而被迫失业。

从我国目前的现实状况来看,我国经济正处于转轨时期,国有企业的改革、改组、改制仍是今后几年内经济体制改革的重点。在改革的过程中,由于减员增效,大批职工需要下岗再就业。因此,我国迫切需要一个强有力的社会再教育系统,帮助这些社会群体学习新的知识和技能,实现再就业。与此同时,"从全国来看,每年大约有 1450 万初中毕业生,每年约按 350 万初中毕业生进入普通高中,依然有近 1100 万初中毕业生需要接受职业教育和培训。目前,中等职业学校每年招生数大约在 420 万人左右,这样还有近 700 万初中毕业生没有机会接受职业教育,基本上处于'无学可上、无业可就'的状态。"所以,"职业教育还要大力发展,要为这 700 多万初中生提供接受职业教育和培训的机会。"在农村,"90 年代中期,全国有 3.15 亿农业劳动力。其中接受过初、中级职业教育的分别只占 3.49％和 0.13％,接受过短期培训的只占 19.98％,没有接受过任何培训的人高达 76.4％。素质问题成为制约我国农村经济发展的重要原因。"[①]

因此,在观念上我们要认识到职业培训的现实意义和社会价值,即减缓就业压力、强化劳动力资源的素质、稳定社会及尊重人的受教育权和终身学习的个人需求。在具体实施职业培训中,首先各类职业学校和成人学校要普遍实行职前教育与职后培训相结合,学历教育与非学历教育并重,广泛开展职业培训。其次,我国职业教育和成人教育要充分利用现在各类中等职业学校,行业、企业职业培训中心,县、乡(镇)、村农民文化技术培训网络及社区教育中心等四类教育资源。一方面对未升学的初、高中毕业生进行不同形式、不同时限的职业教育或培训。另一方面使城乡新增劳动力上岗前都能得到必需的职业技术训练。同时对广大在职从业人员进行多种形式的教育或培训,使其思想文化素质和职业能力得到提高,满足知识更新、转岗和下岗再就业的需要。这样就使广大社会公民都有机会接受包括社会文化在内的多样化学习培训,推进学习化社会的形成和终身教育体系的建立,提高全民素质。

(三)更新观念是发展职业教育的基本前提

教育既是承传文化传统工具,同时又受到文化传统的影响与制约。

---

① 《在希望的田野上——关于发展农村职业教育的话题》,《职业教育》,1999 年第 15 期。

因此,在我国这样一个重视学历、"学而优则仕"的传统浓厚的国度里,人们更多地是关注普通教育,注重学历教育,很少关注职业教育。在劳动市场上,用人单位对所需人才的学历要求呈现一种普遍的"走高"趋势。所以,发展职业教育,就必须首先更新观念。

1.传统观念束缚着职业教育的发展

职业技术和技能素质一直是中国传统文化中构成的弱项,是制约中华国民素质提高的主要因素之一。也是发展职业教育的一个难点。我们普遍缺乏而市场经济又最需要的基本素质之一就是科学技术理性和与之相适应的人文精神。"只有这两种精神才可能消除传统农业文明主体的经验主义和自然主义特征,把他们塑造成为现代市场经济所要求的自由自觉的知识主体。"[1]而职业教育正是培养具有科学技术理性的现代精神的重要基地。然而现实却不尽人意。

在 1999 年普通高等教育招生计划中,将增招 10 万人专门用于部分省市按新的管理模式和新的运行机制试办高等职业教育。在国外,高职学生被称为"金领",他们是企业的中坚。然而在我国实际报考中却出现了这样一种现象,普高学生不愿意报考高职,留给普通高中的高职名额没有报满。学习成绩好的学生仍然热衷于普高。可以看出,人们对职业教育仍存有保守态度。

城市是这样,农村也是如此。我国是个农业大国。随着科技经济的发展,农业正由传统农业走向现代农业。这对以培养新型农民,振兴农村经济为目的的农村职业教育来说则是既提出了挑战,又提供了发展的机遇。但是由于传统观念的制约,"劳心者治人,劳力者治于人",导致农民都希望子女通过各种办法跳出"农门",并不愿将子女送到职业学校学习。

在这种社会心理压力下,职业学校也片面追求非农办学模式,沿袭城市职业教育办学的模式,农科类专业滑坡严重,甚至压缩停招农科类

---

① 张育平,《教育改造文化的主要任务》,《山东师大学报》,1998 年第 6 期。

专业。专业设置失衡，求新求热，经济利益冲击了社会效益，带有较大的短期功利性，片面迎合学校及家长的择业观念。各校专业设置大同小异，微机、财会、经济法、文秘、办公自动化、企业管理、中师、电气化、法律等等。这样不仅分散人力、物力、财力，浪费有限的教育资源，影响办学的经济效益，而且使农村职业学校本身毫无特色可言。其结果必然是一方面农科类专业受到冷落，而所谓的"热门"专业一涌而起，不仅没有对当地的经济建设起到推动作用，反而产生了负面影响，给农村职业教育的发展带来了局限性。同时，这违反了教育的自身规律，办学条件差，师资缺乏，办学效益、质量不高，缺乏吸引力。结果是使许多职业学校"红火"一阵就难以继续了。

我国的传统观念对职业教育所产生的消极影响主要表现在以下几个方面：

（1）我国的传统文化观念中存在着许多阻碍科学技术发展的因素。我国传统文化自古以来主张立国之道在于礼仪而不在于技艺。崇尚礼仪而轻视科学技术，是中国社会几千年来形成的文化观念。在我国传统文化看来，农为本，商为末，工更加是"奇技淫巧"，故废万机之条用心于巧技，就会使人心学坏，贻误大事，所以必须"绝巧弃利"。我国历代的受教育者和办教育者都把灌输这种价值观念、道德准则和行动规范视为教育的要义。然而正是"奇技淫巧"创造了西方早期工业社会及今天的资本主义。"学而优则仕"的核心，是读书人仕，将读书作为出身立世的台阶和敲门砖。

在今天社会的表现是"教育水平和地位与权力之间的联系太紧密，广泛地承认这种联系就为现存秩序提供了稳定性和正统性的源泉，同时也给取代现存秩序造成了障碍。相对满足于自己地位的精英，看不出变革的迫切性，向上攀登的人也基本上满足于让科举考试制度来裁决他们的命运。这种得到政府和同等资格的人认可的压力，很可能就削弱了钻研专门技术的志趣,但却能确保追求高深学术的动机。"①正是这样苦读经书和获取名望之间的密切关系,使得工匠、农民或商人所需要的技术不被视为总体知识的一个组成部分。

正因为如此,"中国人倾向于从自己的历史上,而不是向其他国家去寻求榜样,因而对正在改变着整个西方世界的科学和技术革命,迟迟表现不出有什么好奇心理。低率税收,国家不大过问经济,本来商业和社会交往可以在更大规模上实现整合的地方城市几乎没有什么发展,死抱着经典教育的形式内容不放,凡此一切也都是现代化起步的障碍。"②我国清朝也曾开办中等技术学校(农业、商业和工业方面的),技术推广中心,以及职业训练学校。但缺乏合格的职业教育师资,所以不少技术学校聘用外国人做教师。而这些学校的毕业生并非都成了日后的技术人才,许多人上技校只是为了一张文凭,并不在乎学什么专业,另外一些人则在技术学校学习几年之后又转回常规学校。因此,从某种意义上可以说,我国因为没有适应产业革命需要的科学技术人才和各层次的技术工人,没有为适应产业革命和经济结构的变革提供人力资本,因而错过了赶超世界性的产业革命浪潮的机会,也丧失了改善教育、提高知识并将之直接用于多样化职业的机会。

总之,我们的祖先虽然将"格物致用,立成器以为天下利"的人推为圣人,但是,也正是古代中国具有强大同化力的农业文明,使中华民族产生了一种近乎自负的文化优越感。同时,"学而优则仕"又使得整个民族都拥在一根独木桥上向社会金字塔的顶端狂挤,某些职业能力就只能沦为谋生的手段。

(2)传统社会里不合理的身份等级制度和观念的影响仍然严重存在,成为制约人们形成新的成才、择业观念,制约人们形成对于教育的新

---

① 吉尔伯特·罗兹曼主编,《中国的现代化》,江苏人民出版社,1988年,第284页。
② 同上,第286页。

的社会需求,进而制约教育资源的优化配置、制约教育的现代化进程。在人们眼里,人才等同于知识分子,大量各类的"技能分子"基本上无缘跨入"人才"之列。自然,就会滋生追求高学历的社会环境,这种严重失衡的社会心理需求进而必然导致教育结构的重大比例失调。同时,由于国家和社会重视"精英"等知识型人才,从而进一步助长了"重文轻技"的社会偏见。致使普通教育几乎成了培养知识分子的天下。职业教育在相当一部分人的眼里是二流教育,是上不了普通高中、上不了大学的无奈选择。

其结果是我国中等职业教育发展不稳定。中等职业教育招生数占高中阶段招生总数的比例出现持续徘徊甚至下滑现象。1998年全国中等职业学校招生数和在校生数占高中阶段教育的招生数和在校生数的比例分别达到54.05%和54.91%,距离《中国教育改革和发展纲要实施意见》提出的中等职业教育发展目标、即到2000年,各类中等职业学校招生数和在校生数占整个高中阶段教育的比例,全国平均达到60%左右,普及高中阶段教育的城市可达到70%,还有相当大的距离。

再者,我国职业教育的历史很短。尽管最初它是以实业教育的面貌出现的,但它在我国发展和完善的最佳社会环境始终没有被创造出来。而且我国现代的职业教育是从普通教育分流出来的,先天不足制约了它不能很快适应经济社会的发展。特别是一些地方普通高中的盲目发展已给职业教育发展带来了很大冲击,致使不少职业学校背离职教的教育规律,片面追随普通教育。

(3)由于在我国重视学历文凭几乎成了衡量一个人知识结构和能力大小、赢得择业和就业机会的唯一凭证,所以,社会上依然存在鄙薄职业教育的现象,一些地方和部门对职业教育地位、作用的认识不到位。因此劳动力市场仍然存在着仅以学历文凭作为确定劳动力工资价位水平的主要依据的做法,职业资格证书几乎落入有名无实中。这是将正规学校教育的文凭与各行各业的职业资历直接挂钩的学历文凭制度的产物，是应试教育的产物。有悖于我国现行的劳动预备制度，既不利于当前职业教育的健康发展，不利于持有双证的中等职校毕业生在劳动力市场公平竞争，也不利于终身教育制度的形成和完善。这样，受就业压力的影响，职业学校毕业生在一些地方面临着很大困难，影响了一些初、高中毕业生接受职业教育的积极性。

人们的选择是受到社会环境制约的，而要使人们建立新的努力点，就必须改变环境对人们的选择的影响。荀子曰："学至于行之而止矣。"指出知识的归宿在于应用。从这个意义上说，以"学以致用"、理论与实践密切结合、知识与技能有机融汇为基本特征的职业教育就是一种培养"知识——技能型人才""技能型人才"等各类应用型、实用型人才的教育体系。所以，为正确认识职业教育的本质和价值，就必须更新我国重知识而轻技能的传统观念，树立"职业资格塑造过程同时也是一个教育资本增值、劳动力价值增值过程"的价值观，改变知识与实践严重脱节的教育方式。

与此同时，我们应该完善学历证书、培训证书与职业资格证书制度，通过优先录用资格证书拥有者，而且更为看重高资格证书者的劳动市场，来强化社会和个体对职业资格的价值取向。因为要想引起社会对职业教育社会价值的重视，仅靠获得某种专业能力及职业能力是不能解决问题的。关键在于，如何平衡劳动市场、学校教育制度及职业资格制度这三者之间的关系。只有协调好这三者之间的关系，才能够稳定和推动职业教育事业的发展。

2.新观念对职业教育的冲击

科学技术与社会文化的发展是一个互动过程。科学技术改变着社会文化结构，形成新的社会文化环境，而新的社会文化环境又会促进科学技术发展。

观念意识是文化的核心部分,观念文化是文化的灵魂。科学技术首先在影响文化的物质层面和制度层面之后,最终将冲击到文化的观念层面。由于科学技术成果的广泛应用,使社会劳动的结构、内容和形式都发生了很大的变化,人们正在从以体力劳动为主的价值观转变为以脑力劳动为主的劳动价值观;由于现代科学技术知识更新的周期越来越短,人们的教育价值观也从一次性教育转向了终身教育;由于科学技术极大地提高了劳动生产率,余暇时间的增加,使人们的生活价值观念开始从以物质生活为主变为以精神生活为主。

科学技术在引起文化系统的价值观念变化的同时,也影响人们的行为规范。在职业的选择方面,就在寻找能够充分地发挥个性和个人能力的岗位或机会。这就决定了职业教育必须有新的时代内涵。

(1)在科技迅速发展的信息时代,一生安心地依靠某一工作场所的时代将一去不复返。日本学者渡边深指出:"在真正的自由变换职业的社会里,劳动者怎样培养个人职业技能即如何完成'个体的确立'是非常重要的。"也就是说,在自由变换职业的社会里,个人自由选择的空间增大,并使各种各样的生活方式成为可能。这就要求职业教育一方面要重视受教育者的基础教育和具有终身教育性质技术文化知识及其能力的培养,使其专业能力具有通用性;另一方面要帮助他们完成"个体的确立"。

近年来,在西方发达国家形成了一种新的职业观念。即"工作不只是一种谋生的手段——一种赚钱、养家或赢得社会地位的手段——而是这项工作本身应该提供丰富的,并培养人具有各方面的经验。工作已经不仅仅是工作,它们是对生活方式的一种选择。"这种新的职业观不固执于一种专业发展,而是以从事任何职业为价值取向。所以,职业教育就要为人们在选择职业方面有许多机会而不断重新估价自己的能力和重新定位,并能提供职业咨询和相关信息,提供新的职业培训、发展和接受教育的机会和条件。这就要求职业教育的对象及层次应该具有多样性。

现代社会的要求人们改变"一劳永逸"的新观念,就是要求每个人树立面对现实世界及挑战以胜任工作的职业观。社会需要的是在实际操作中应变自如办事高效率的人,文凭、证书固然重要,而实际工作能力更重要。如古人所云:"苟日新,又日新,日日新",面对新的挑战,思想观念要不断更新,要勇于不断接受挑战。在知识经济的时代,资格证书只能证明你短暂的职业能力,并不具有无限期性。每个人要想具备生存能力,就必须不断地接受教育。80年代以来,随着失业危机日趋严重,西方市场经济国家都把发展职业培训特别是就业训练作为促进就业、减少失业的优先措施。美国前总统布什任职期间提出了《工作要求学校做些什么》、《展望2000年的美国职业教育》等报告,现总统克林顿政府制定了《美国再就业法案》,都突出强调职业教育。主要针对处境不利群体,制定不同的培训计划。比如成人培训项目,主要是为21岁以上的低收入者提供的,以提高技能,减少失业,促进再就业为目的。暑期青年人就业和培训计划,是针对14—21岁的青年学生,让其在暑假期间获得一定的职业技能,为就业做好准备。青年人培训计划则是常年开设的培训项目,培训对象是14—21岁的青年人,以提高技能素质。

90年代以来迅猛发展的信息化、网络化和数字化的趋势,改变了人们的生活方式和职业观念。就业结构发生了变化,直接从事生产的人逐步被机器所取代,同时增加了对受过科学教育的有一定技能的劳动力的需求。与此同时,知识含量高的数字化网络技术,从技术上摧毁了传统的纵向等级结构,形成网络式横向自主连接结构,这就为个人凭"智慧"赢得竞争提供了条件。社会也表现出对人的尊重和在技术上支持人的自主选择权利,同时也要求社会为人们提供更多的接受再教育、再就业的条件和机会。

(2)现代社会新技术的发展及信息时代的来临所产生的新文化观念推动着教育的变革,打破了文凭与就业之间的传统关系。

现代社会的教育民主化及学习化社会的发展趋势要求逐渐改变文凭与就业之间的传统联系。"按照传统教育体系的逻辑来讲,典型的情况应是:一定的教育水平应有其相应的和有保证的专业水平和酬劳,因为能够进入这个教育体系的人有限,而且还因为人们认为教育是一项艰苦的,甚至是厌烦的工作,它之所以使人们感兴趣不在于它本身得到什么结果,而在于他毕业以后一定可以得到相应的收入。"①相对于学习,人们更注重谋求职业。18世纪开始的产业革命和机器时代,使科学技术革命不仅在人们改造物质世界过程中发挥了越来越大的作用,而且还逐渐改变了人们的精神世界,使得知识与训练有了全新的意义,使人类在思想上和行为上获得许多全新的内容和方法。因此,不应培养受教育者从事一种特定的、终身不变的职业,并使其确信每种学位都有取得与其相应的职业的权利,而应培养他们有能力在各种专业中尽可能多地流动并激发他们自我学习和培训自己的欲望,恢复人类求知的自然动力,从而适应社会就业结构变化的需求。

总之,现代科学技术飞速发展,教育也必然由此发生变化。职业教育必须重新建构自己的理念和体系。"为了建立一个不断演变的智力体系——学会生存。教育必须以造就具有新的生存价值和生存能力,能解决新的生存问题的人为目的。'文凭'不再是局限于认可一生所利用的知识,而是认可能够获得新鲜知识,在革新过程中能够积极参与或至少能够适应变革的一种潜能。"②

(四)我国职业教育系统面临的主要课题

1.树立科学职业观,培养有素质的职业人

职业,"从本质上来看,是社会职能专业化和人的角色社会化的统一。""所谓职业所固有的社会性质和地位,简单地说,主要是指职业和

---

① 《学会生存》,教育科学出版社,1997年,第11页。
② 王友元,《校长与素质教育》,《新识点》,1999年第1期。

职务集中地体现着社会关系的三大要素——责、权、利。'责'是指每种职业都意味着承担一定的社会责任;'权'是指每种职业都享有一定的社会权力,即职权;'利'是指每种职业都体现和处理着一定的利益关系,尤其是那些以公众为服务对象的职业,都是社会利益、公众利益、行业集体利益和个人利益的集结点。"①就责、权、利三者而言,中国人最为缺乏的就是"责"。而市场经济最重要的道德基础就是"责任感"。这种责任感源于每个人对自己行为的一切后果负责的道德感。从这个意义上可以说,没有基于道德基础之上的责任感,任何职业都将失去它的社会价值。

我国的职业教育的确为 20 世纪国人冲击现代化培养了大批的专业技术人才。但这并不是说技术万能就应该成为我国职业教育的唯一追求。市场经济,使得职业教育不能再持有职业技术万能的信仰,应该是动态的、终生的。因此,我们的职业教育要教会学生由相信职业技术转为相信自己,教育学生能灵活变通地适应职业、适应社会,教育学生要有一种自信心,具有拓展职业的创业意识和能力。特别是职业信心是一个很重要的职业素质。而我们的职业荣誉感和职业自豪感多半停留在职业"好坏"、待遇"优劣"和职位"高低"的基础上,未把职业看成是人生命中的不可分割的一部分。这样对待职业,就易缺乏一种职业责任感。而这种职业责任感关系到职业素质和职业道德水准。而且,我国多数职业教育是以思想政治工作代替职业素质的培养的,结果"一方面,将一些空洞的、不切实际的'思想'当做职业素质的内容强加给学生;另一方面,又把一些原本属于职业素质的内容当做'好人好事'去宣扬,人为地导致学生素质的混乱。"②这样不仅从本质上混淆了职业精神的内涵,而且没有帮助人们真正找到一种职业感觉。职业教育不仅仅是赋予被教育者职业能力和就业素质,更主要的是一种对职业的热情,是一种职业信心,是

① 何清涟,《现代化的险境——当代中国的经济社会问题》,今日中国出版社,1998 年第 172 页。
② 《泰坦尼克号》给中国职业教育带来了什么?《职业教育》,1998 年第 10 期。

对职业成功的向往，对社会责任的充分认定。

　　我国的职业教育也仍然是一种"饭碗"教育。这就决定了它的基本教育职能是教给并指导学生通过掌握一定的专业知识和技能找到"饭碗"并死死保住这"饭碗"。因此很难顾及职业精神的培养。同时，由于我国的职业教育脱胎于普通教育，受普通教育的影响，我国的职业教育尚未找到一条培养真正具有职业精神的职业人才的培养方式。

　　目前我国正值科技当前，举国上下视经济增长为最高目标的经济社会转型时期，教育就理所当然被作为了经济发展的工具，教育实践也容易沦入为实用的技术性和工具性教育，而忽视重视价值和意义创造的人文教育。面对市场经济的挑战，就业压力和市场竞争力就会促成职业教育经济本位化，受教育者异化。出现自我价值与社会价值实现的矛盾和物质利益与精神文明的矛盾，把经济待遇和物质条件作为择业的第一标准，忽略了职业理想、特长等重要因素，出现了择业误区。这些反过来都会影响经济的发展。在这种形势下，我们就更有必要思考我们的职业教育究竟应该培养什么素质的职业人。

　　为此，必须清楚地认识到职业教育不仅仅是进行科技教育、技术性、工具性的教育以培养人的谋生技能，还要重视人文教育。人文德性作为本体价值虽然无法作为商品进入市场，但人文意义教化仍然是社会发展的重要动力。因此，缺乏人文精神的经济社会，在利益的角逐中人们将不再受到自制、理性、公正、博爱等精神的约束。所以职业教育一方面是要帮助劳动者和未来的劳动者发挥其自身所蕴涵的职业潜能，即实现职业个性化和专业化；另一方面就是要培养他们具有一种职业道德境界，将人类真善美的东西内化为一种职业素质。总之，树立职业教育的科学培养目标，即以职业素质为基础，以职业技能为重点，使受教育者德、智、体等全面发展是我们面临的主要课题之一。

　　2.改革职业教育课程

　　80年代初期，对课程体系产生巨大冲击和影响的是"职业教育要为当地经济建设服务"方针的提出和确立。因为我国改革开放首先是由农村联产承包责任制开始的，所以职业教育课程为当地经济建设服务的改革也首先是在我国农村开始的。

农村经济体制的改革，增加了对实用人才和技术的需求，这就要求农村职业学校应该打破以学科为基础的传统，在课程设置上，根据当地需要而开设，以增强为当地农业经济发展服务的功能。山东省的昌潍农业中学，从学生必须掌握的基本技能的角度出发，彻底打破"老三段（文化课、技术基础科、专业科)"教学模式，根据"两当（当地、当前)、三新（新技术、新工艺、新方法)"的原则和各专业特点，探索实施了蚕桑专业的"三段三穿插三循环"、果树专业的"2＋1"、园林和蔬菜专业的模块教学模式，并且面向社会，制定了兴建一批校外教学基地，推广一批先进农业实用技术人才，致富一方百姓的兴农计划。这符合了我国现阶段农村经济发展需求，受到了社会的欢迎。

但是多数农村职业学校课程还有许多问题。反映农业职业学校特色的农、林类专业大面积滑坡，专业设置不合理，课程体系陈旧，盲目追随城市热点专业，片面追求升学教育，不适应"三农"及农村产业结构的变化对新型人才的需求，培养的人才与当地经济发展的需要相脱节。课程设置缺乏地方性、适应性、应用性和职业性。不仅农村职业学校这样，城市职业学校在课程上也同样存在这类问题。

城市的中专和技工学校在课程设置上发展滞后。依然是重理论、轻实践；重知识传授、轻能力培养与个性发展，缺少横向联系，缺乏灵活性和社会适应性。在课程设置上集中表现为："重视专业课程轻视基础文化课程；重视专业理论课程轻视专业技能课程；重视课程的系统性、完整性轻视课程的适应性、灵活性；重视课堂学习轻视岗位实践。"①

这种课程设置形成了我国职教课程的 8 种弊端："①以学科内容为中心组织教学内容；②训练面过窄，导致毕业生择业面窄；③终结教育，毕业生缺乏继续学习的基础；④不能及时更新内容，难以适应科学技术的

---

① 周新桥，《职高教育要谨防高不成低不就》，《职教论坛》，1998 年第 1 期。

飞速发展;⑤不能及时调整强化方向,难以适应劳动力市场需求变化;⑥缺乏选课机制,影响学生个性发展;⑦把负有提高国民素质任务的职业学校教育混同于短期职业培训;⑧缺乏职业指导、创业教育和创新能力培训等方面的内容。"[①]

针对上述问题,我们必须改革职业教育课程。

(1)面对着社会高科技化、信息化、学习化、竞争跨国化等趋势,职业教育的课程模式就不能停留或拘泥于农业经济或工场手工业经济的"知识本位"及工业经济时代的"能力本位",而应着眼于人的全面发展,在"能力本位"的基础上,以提高全面职业能力为核心,以人格的完善为目标,培养跨世纪的适应知识经济社会需要的具有综合职业素质的人。这样既可满足可持续社会经济发展的需求,也能满足受教育者生存发展的需求。

(2)在课程结构方面,要实施综合化、模块化,建立"多元整合"课程观。在课程内容上,要采取知识、技能、态度这三要素多重、多种组合的综合化策略。在课程实施上,采用弹性选课制、学分制,并在教学上实施个性化教育。

(3)建设具有中国特色的多元整合型课程模式。北京朝阳区开发的"集群模块式"课程模式,即"宽基础、活模块"模式就代表了我国职教课程改革的方向——现代化、中国化、最优化。"宽基础"指"所学习的内容并不针对某一特定工种,而是集合了一群相关职业所必备的知识和技能。""活模块"则是指"所学习的内容是针对某一特定工种所必备的知识和技能,而且以技能为主。"[②]这两者既相互联系,又有区别。这种模式为着学生横向转岗、专业岗位覆盖面大,针对一个职业类群的需要设置文化课和专业理论课,针对具体劳动岗位需要进行相应的技能训练。同时,坚持文化科和专业科并重,确保人才规格。它率先打破了传统的学科模式,培养了市场经济所需要的复合应用型人才,也符合职教课程改

[①] 《职业教育课程改革目标:现代化 中国化 最优化——职业教育课程改革国际研讨会综述》,《职业教育》,2000年第3期。

[②] 《"宽基础、活模块"模式》,《职业与技术教育》,2000年第3期。

革趋势。

1999 年 4 月 19 日至 20 日，教育部职业成人教育司在北京召开的职业高中教学研讨会上，提出依《职业教育法》、《面向 21 世纪教育振兴行动计划》和《面向 21 世纪深化职业教育教学改革的原则意见》，为培养具有"复合型、应用型、全面素质、综合职业能力"的职业人，课程改革应本着"立意高、起点低、求实效、突出整体"的原则进行。在课程结构上，要打破传统的三段式；教学计划、大纲要相对统一；教材要"一纲多本"；学时安排应有适当的弹性；应该在一定地区、一定专业进行学分制试点。

"课程是一个动态的社会现象，每逢社会和生产力发生重大变革之时，都会有质的飞跃。"①所以，在我国经济面对工业化和全球化双重挑战之际，改革职教课程，探求顺应社会经济发展和人的发展需求的课程理论和模式是历史的必然。

3.加强职业教育师资队伍的建设

新中国初期，为了适应经济建设需要，我国于 1954 年颁布了《中等专业学校章程》。从业务部门抽调一批专业技术人员和优秀技术工人到职业技术学校分别担任专业课教师和实习指导教师，同时又分配了大批高等院校毕业生到这些学校，充实师资队伍，按着文化课——基础理论课——专业课的专业教育模式，逐渐形成了我国较为稳定的师资结构模式。然而"在那种特殊条件下形成的师资群体结构，虽然在一段时期内保证了教学质量和技术人才培养目标的实现，但计划经济体制也同时在这个群体身上烙上了知识结构单一，专业口径狭窄，重理论、轻实践的印痕……"同时，"'中专——技校'的师资培养计划一直只是作为普通理、工、农、医高校招生和培养计划的拾遗补缺成分来被考虑的，职业教育类师资的特殊要求难以在这些高校的培养规格和教育计划中得到体现……另外，对专业教师继续教育渠道、方式等问题一直没有找到妥善的解决方案，也

---

① 同上。

使得教师队伍知识老化、专业结构不合理、操作技能差、新技术新工艺接受和转移能力不足等倾向和问题日趋明显和严重。"①

目前我国许多职业学校的专业课教师匮乏,多数专业课是由文化课教师担当,这些教师的专业理论水平和动手操作能力差。毕业于大专院校的一批专业科教师虽有较系统的理论基础,但动手操作能力不强。职业教育教学的特点在于它的实践性,因此生产实习在职业教育教学活动中占有重要地位,显然,这样一支教师队伍很难满足职业教育发展的需要,严重影响着教育质量的提高,影响着学生素质的全面提高。因此,提高教师的素质是亟待解决的问题。

但是,在师资队伍的培养和继续教育方面,存在着许多问题。第一,职教师资培训学校数量少;第二,这类学校专业设置不合理,主要是培养城市职业学校师资,很少有培养农业职校师资;第三,生源素质较差。对此,张文显教授具体指出"职技高师绝大多数都是省属院校,只能面向本省输送毕业生。可是职业学校专业变化快,作为大学的专业又要相对稳定,围绕有限的几个专业培养的人才,需求很快就饱和了。"结果形成了"一方面是职业学校不断变化、数量又不是很大的师资需求,另一方面是高校办学规律决定了专业'掉头'的困难。"致使我国职业高中专任教师大学本科毕业及以上学历者的比例还是很低,继续提高职业教师师资学历水平的任务仍然很重。

总之,我国职业教育的师资队伍,需要解决职前培养规模小和在职教育体制不健全,无法提高师资水平的现实问题。为解决职教师资培训问题,《面向 21 世纪教育振兴行动计划》明确指出,我国将在全国重点建设 50 个职业教育专业教师和实习指导教师培养培训基地,进而带动各地职业教育师资培养培训基地建设,逐步建立和完善全国职教师资培养网络,为建设一支专兼结合、数量足够、素质优良、结构合理、相对稳定、适应全面推进素质教育需要的高质量的职教师资队伍奠定基础。

---

① 《创造神经——关于职业教育师资队伍建设的话题》,《职业教育》,1999 年第 9 期。

这样,我国就逐步形成了一个以建立"双师型"教师队伍为重点,以高等学校为主要依托,布局合理、功能完备的,与职业教育事业发展规律和要求相适应的职教师资基地网络。目前,全国绝大部分省、自治区、直辖市和各有关行业部门,根据本地和行业部门的需要和实际,依托普通高等学校或中等职业学校,已先后建立了300个职教师资培养培训基地。同时,为培养21世纪职教师资水平,我国一方面在积极建构职教师资终生教育体系,另一方面又在探索培养研究生层次的师资队伍的新路。